성경 해석의 원어접근(개요) 1

שמע ישראל

쉐마 이스라엘

박 종 승 저

שְׁמַע יִשְׂרָאֵל יְהוָה אֱלֹהֵינוּ יְהוָה אֶחָד

이스라엘아 들으라 우리 하나님 여호와는 오직 하나인
여호와시니

Hear, O Israel: The LORD our God *is* one LORD:

Hear, O Israel: Jehovah our God is one Jehovah:

イスラエルよ聞け われわれの神 主は 唯一の
主である

以色列族聽之哉爾之上帝耶華和唯一而已

以色列阿你要聽耶華和我們上帝是獨一的主

σπούδασον σεαυτὸν δόκιμον παραστῆσαι τῷ θεῷ,

네가 진리의 말씀을 옳게 분변하고

도서출판 로고스

비탈에 서 있는

소 나 무

박 종 승

골짜기 평지에 제멋대로 뿌리 뻗고 자라난 나무들.
참 나무 가시나무 팽나무 벚나무 소나무도
끼어 있다.

저마다 몸을 꼬아 비비 꼬아 이리 구불 저리 삐뚤
더러는 자빠지고 쓰러지고 엉기고 성기고
삐삐 말라 죽기도 한다.

가파른 골짜기 비탈에 서 있는 한 그루 소나무
바위틈에 뿌리박고 하늘로 머리 뻗어 쭉 쭉
살색이 발그레 그래서 적송인가.

넝쿨들이 이리감고 저리 감고 심술을 부린다.
가시나무 벚나무가 등을 기대 못살게 굴고
밤나무 상수리가 키를 견주어도

눈 하나 까딱 아랑곳없이 하늘로만 치솟아
사철 푸르른 솔잎으로 도사려 쭉 쭉
곧게 서 있는 한그루 소나무 .

바위에 뿌리박은 밑둥치 숨겨둔 내력이 무얼까
그게 궁금해 벼랑에 몸을 붙여 한발 두 발
손 내밀어 소나무로 다가간다.

꼴짜기 아래쪽 평평한 곳에서 뻗어 오른 나무들은 하나 없이 모두가 이리 삐뚤 저리 삐뚤 구부정 비스듬 쓰러져 있다. 가파른 비탈 바위에 뿌리박은 소나무는 거칠 것 없이 하늘 향해 쭉 족 뻗었다. 힘들고 어려워도 굽히지 않는 심지. 바르게 살아가는 지조를 읽는다.

하나님은 어디 계실까.

땅을 파면 축축이 젖어있는 흙을 만질 수 있다. 좀 더 깊이 파면 물이 난다. 더 깊이 들어가면 샘이 솟는다. 깊을수록 콸콸 솟아나는 물은 땅 속에서만 찾을 수 있는 은혜이다. 온전한 믿음은 하나님의 말씀 그 깊은 곳을 향해 가려는 몸부림이다. 그 깊은 곳에 가야 하나님을 만날 수 있기 때문이다.

예수님께서 베드로에게 하신 말씀

"깊은 데 가서 그물을 내려 고기를 잡으라."

밤새도록 고기 한 마리도 잡지 못한 베드로가 예수님의 말씀에 의지하여 그 깊은 곳에 가서 그물을 내렸을 때 두 배에 가득 잡히는 성공을 거둔다. 기적을 체험한다. 신비를 깨닫는다.

하나님의 말씀은 눈으로 읽고 머리로 생각하는 것에 멈추어서는 안 된다. 영에 사로잡혀 감동 속에서 하나님을 만나게 되고 진리를 깨달을 수 있다.

하나님의 말씀 그 깊은 곳에 알지 못하는 무한한 비밀이 있고 축복이 있고 바라는 바 찾는 모든 것이 감추어져 있다. 참된 신비는 환상에서 벗어나 하나님의 실체를 보고 그 음성을 듣는 것이다.

하나님의 말씀을 영감으로 받아 기록한 성경은 다시 영감에 이르러야 비로소 하나님의 음성을 듣게 된다. 그러나 영감 이전에 성경을 읽을 수 있는 지식적 수단도 무시할 수는 없다.

영감에 의해 기록된 성경사본을 바탕 하여 옮겨진 말씀들이 얼마나 정확하게 전달되고 있나 또는 얼마나 멀어져 있나 살피는 진지한 태도가 꼭 필요하다. 이를 위해서는 원어에의 접근을 등한시 할 수 없음을 다짐하면서 성경해석과 원어접근을 시도하려는 노력으로 이 책을 펴기로 했다. 성경을 공부하는 모든 분들에게 자극이 되고 도움이 되었으면...

-저자

차　례

-성경 해석의 원어접근(개요)

שמע ישראל 쉬마 이스라엘

1. 하나님의 말씀은
바르게 알고 바르게 전해야 한다.

이스라엘의 신앙에서 하나님과의 관계를 맺는 그 시작은 하나님의 말씀을 듣는데서 비롯한다.

שְׁמַע יִשְׂרָאֵל יְהוָה אֱלֹהֵינוּ יְהוָה אֶחָד

엑하드 야웨 엘로헤이누 야웨 이스라엘 쉬마

이스라엘아 들으라 우리 하나님 여호와는 오직 하나이신 여호와니

(신명기 6 : 4)

하나님이 우리에게 무엇을 말씀하시는지 그것을 옳게 듣는 태도는 신앙의 온전한 초석이 된다.
오늘날 하나님의 말씀을 어떻게 들을 수 있나. 직접 성경말씀에서 들으며 설교자의 설교를 통해서 듣게 된다. 따라서 말씀을 증거 하는 분들의 사명은 막중하다. 성도들에게 전하는 것은 오직 하나님의 말씀이어야 한다. 성경을 바탕 하지 않는 설교는 이단이다. 말씀을 듣는 자는 마치 하나님을 대하듯 정중하고 엄숙한 자세를 취하는 것이 도리이며 증거자는 농담이나 저속한 말 또는 웃음거리로 위엄을 헤치는 일이 없도록 삼가 하여 진지하고 엄숙한 태도로 품위를 잃지 않아야 한다.

יְהוָה אֱלֹהֵינוּ(야웨 엘로헤이누) 여호와는 우리의 하나님이시다.
하나님과 우리와의 확고한 관계를 설정하고 있다. 즉 하나님은 우리의 하나님이요 우리는 하나님의 자녀라는 것을 확인시킨다.

יְהוָה אֶחָד(야웨 엑하드) 여호와는 하나이시니.
오직 한 분 하나님 즉 유일신으로서의 하나님의 본질을 나타내고 있다.

하나님의 선민을 자부하는 이스라엘 백성들은 시대와 환경에 따라 수없이 하나님을 떠나고 우상을 섬기는 범죄를 저질러 왔다.

신명기에서 다시금 יְהוָה אֶחָד(야웨 엑하드)를 강조하는 것은 신앙의 문란과 혼란에 빠져 있는 그 백성들을 강하게 경책하는 의미도 내포하고 있다.

오늘날 기독교의 신앙에서도

שְׁמַע יִשְׂרָאֵל יְהוָה אֱלֹהֵינוּ יְהוָה אֶחָד

엑하드 야웨 엘로헤이누 야웨 이스라엘 쉬마

의 바탕에서 한발자국도 벗어나서는 안 된다.

שמע(쉬마) 너희는 들으라.

하나님의 말씀에 경건히 귀를 기울여 마음을 가다듬는 자세가 하나님을 경외하는 기본 태도라 하겠다. 하나님의 말씀을 엄숙히 경청함으로 그 뜻을 바르게 알아듣는 것이 중요하다.

신약에서 이를 뒷받침하여 바울이 로마교회에 전한 말씀은

ἄρα ἡ πίστις ἐξ ἀκοῆς, ἡ δὲ ἀκοὴ διὰ ῥήματος Χριστοῦ.

아라 해 피스티스 엑스 아코에스 해 데 아코애 디아 흐레마토스 크리스투

그러므로 믿음은 들음에서 나며 들음은 그리스도의 말씀으로 말미암았느니라(로마서 10 : 17)

믿음의 시작은 먼저 듣는데 있다. 그 듣는 것은 곧 그리스도의 말씀이다. 하나님의 말씀을 듣는데서 비롯하는 신앙의 계승은 그리스도의 말씀을 듣는 것으로 이어진다. 여기에 더욱 명심해야 할 것은 말씀을 듣되 그 뜻을 분명하게 바로 들어야 한다는 것이다. 이를 강조한 성경말씀을 상고해 본다.

σπούδασον σεαυτὸν δόκιμον παραστῆσαι τῷ θεῷ, ἐργάτην

스푸다손 세아우톤 도키몬 파라스태사이 토 데오 에르가탠

ἀνεπαίσχυντον, ὀρθοτομοῦντα τὸν λόγον τῆς ἀληθείας.

아네파이스퀀톤　오르도토문타　톤　로곤　태스 알레데이아스

네가 진리의 말씀을 옳게 분변하며 부끄러울 것이 없는 일꾼으로 인정된 자로 자신을 하나님 앞에 드리기를 힘쓰라(디모데 후서 2 : 15)

ὀρθοτομοῦντα τὸν λόγον τῆς ἀληθείας

오르도토문타　톤　로곤　태스 알레데이아스

그 진리의 말씀을 옳게 분변하는 것이 듣는 것만큼 중요하다. 하나님의 말씀을 들었으면 하나님의 뜻이 무엇인지 분명히 가려야 한다.

ὀρδοτομίω(오르도토미오) 내가 똑바로 자른다. 내가 바르게 향하게 한다. 내가 진실 되게 설명 한다.

우리 성경에서는 옳게 분변(分辨)이라는 어려운 말로 번역되어 있다.
분변은 분별(分別)과 구분할 필요가 없는 동일한 의미이지만 굳이 풀이 한다면 분별은 이것과 저것을 구별하는 것을 말하며 분변은 사물을 판단하여 구분하는 것이라 하겠다. 이러한 어휘적 문제는 번역 상 원어에 지극히 충실하려는 노력에서의 첨가적 서술에 불과함으로 역으로 헬라어 원어에서 분변이란 단어를 찾을 수는 없다.
옳게 진리의 말씀을 '분변하며'를 원어에 맞게 풀이한다면 하나님께서 말씀하신 본뜻 그대로를 가감 없이 밝히라는 것이다.
사실 우리 성경은 대체적으로 히브리어나 헬라어 사본에서 번역의 기원을 두고 라틴어 영어 중국어와 일본어 등 여러 경로를 거치면서 어설프게 완역된 것임으로 진리의 말씀이 옳게 분변되기에는 미흡한 점이 많다는 것도 부정할 수 없다.
성경을 바르게 알고 바르게 전하는 것이 주의 종들의 근본사명이다. 사이비나 이단의 발생은 성경말씀을 옳게 분변 하지 않은데서 발단이 된다. 오직 하나님의 말씀을 전하는 것이 선지자적 도리이다.

2. 하나님의 말씀을 바로 알기 위해서는 성경을 바로 알아야 한다.

성경은 아무리 많이 읽어도 쉽게 이해되지 않는다. 그 이유는

(1) 성경은 하나님의 말씀이 영감으로 사람에게 전해져서 문자로 기록한 것이므로 성경을 이해하기 위해서는 하나님의 영감에 들어가야 한다.

(2) 성경을 이해할만한 지식에 도달해야 한다. 성경은 문자로 기록된 것이므로 문자를 이해하고 그 뜻을 파악할 수 있는 기본 지식을 구비해야 한다. 특히 우리성경은 중국의 문리역본(文理譯本)을 대본으로 하여 번역된 것이어서 상당한 학식을 갖추고도 참뜻을 이해하기 어려운 맹점을 가지고 있다. 국어와 한문에 상당수준에 도달하는 지식 없이는 바르게 해석할 수 없는 것이 솔직한 고백이다.

***다독과 속독에 대한 비판**

다독은 성경을 좀더 이해하는데 도움이 되나 근본적으로 영감이나 지식의 부족은 다독으로도 해결되지 않는다. 자구(字句)적 문자적(文字的)으로 차분히 봉독(奉讀) 하는 숙독(熟讀)은 도움이 되나 속독(速讀)은 자칫 성경말씀을 경홀히 여기는 모독(冒瀆)에 빠질 위험이 있다.

아무리 성경을 많이 읽어도 깊이 이해되지 않는다는 것은 영적 경지에 도달하지 않고서는 이해할 수 없다는 문제와 더불어 일정한 지식수준에 도달하지 않고서는 이해할 수 없도록 어렵게 쓰여 졌기 때문이다. 믿음으로 성령충만을 힘입어 영감에는 들어갈 수 있다 해도 지식적으로 이해할만한 능력이 없다면 그 확실한 뜻을 간파할 수는 없다. 영적인 깊이만큼 해박한 지식의 깊이도 무시할 수 없는 것이 성경해석과 이해의 근본 열쇠라 하겠다.

성경을 깊이 이해할 수 없는 구체적 설명을 정리 요약하면

(1) 성경은 하나님의 영감으로 기록한 것이다.

(2) 성경은 어렵게 쓰여 졌다.

(3) 성경은 번역되었다.

1) 성경을 읽는 자세

성경말씀을 읽을 때는 현재 어느 곳에 있든지 그곳이 하나님의 계시는 곳이요 하나님이 직접 말씀하시는 때와 곳이 되어야 한다. 성경말씀 읽

는 것을 봉독(奉讀)이라 하는 것도 하나님을 경건히 모셔 그 앞에서 받들어 하나님의 말씀을 경청하는 태도를 말하는 것이다.
말씀하시는 그 의미를 추측이나 또는 짐작으로 왜곡해서도 안 된다. 그 말씀이 기록된 때와 장소와 문화 전통 환경에 몰입된 상태에서 직접 하나님의 말씀을 경청하는 엄숙하고 진지한 자세로 영감으로 받아들여야 한다. 그 말씀의 어느 단면이나 측면만을 보아서도 안 된다. 전체를 살피고 그 핵심을 발견하려는 노력으로 기도 가운데 감동을 받아야 한다.

"그 넓이와 길이와 높이와 깊이가 어떠함을 깨달아 하나님의 모든 충만하신 것으로 너희에게 충만하게 하시기를 구하노라"(에베소서 3 : 19)

일반 학문적 논리는 머리로 읽고 이해하고
시(詩)는 가슴으로 읽고 느끼는 감상이다.
성경은 영으로 읽고 감동해야 한다. 거기에 따르는 것이 성경이해의 지식이다.

(1) 성경말씀은 예단이나 추측으로 외곡해서는 안된다.
최근 어떤 분이 성경해석학을 펴면서 중언부언에 대하여 설명한 부분을 볼 때 상당히 외곡하고 있는 것을 알 수 있다.

Προσευχόμενοι δὲ μὴ βατταλογήσητε ὥσπερ οἱ ἐθνικοί,

프로슈코메노이 데 메 바타로게세테 호스페르 호이 에드니코이

δοκοῦσιν γὰρ ὅτι ἐν τῇ πολυλογίᾳ αὐτῶν εἰσακουσθήσονται.

도쿠신 가르 호티 엔 테 포뤼로기아 아우톤 에이사쿠스데손타이

또 기도할 때에 이방인과 같이 중언부언 하지 말라 저희는 말을 많이 하여야 들으실 줄 생각하느니라, (마태복음6 : 7).

헬라어 원문에 입각해서 해석해 본다

μὴ βατταλογήσητε

매 바타로게새테 -너희는 중언부언하지 말라.

βατταλογὲω(바타로게오)- 내가 말을 더듬는다.

βὰττος(바토스)- 더듬는 사람. λόγος(로고스)-말씀. 말.

βὰττος λόγος(바토스 로고스)-말을 더듬는 사람 쓸데 없는 말을 반복하거나 함부로 재잘거리는 사람을 일컫는 말.

μὴ βατταλογήσητε(메 바타로게세테)는 동사의 어미에 2 인칭 어미 변화가 따르므로 명령형을 입어 μη와 접속해서 **[너희는 했던 말을 반복해서 또 하지 말라]** 로 문자적 해석이 이루어진다. 쓸 데 없는 말을 반복해서 중얼거리는 것을 우리말로는 중언부언이라고 한다

그 학자의 주장에 따르면 **중언부언을** 의역해서 이는 이방인들이 무엇을 먹을까 무엇을 입을까 구하는 기도의 주문이라고 단정을 한다.
그 근거로 성경을 다음과 같이 인용 해석하고 있다
"그러므로 염려하여 이르기를 무엇을 먹을까 무엇을 마실까 무엇을 입을까 하지 말라 이는 다 이방인들이 구하는 것이라 너희 천부께서 이 모든 것이 너희에게 있어야 할 줄을 아시느니라"(마태6 : 31- 32)
마태복음 6 장 7절과 연관시켜 중언부언은 "무엇을 먹을까 무엇을 마실까 무엇을 입을까" 이방인들이 구하는 것이요 그러므로 "중언부언은 이방인들이 무엇을 먹을까 무엇을 입을까 무엇을 마실까 구하는 것이다" 라고 귀결을 지어버린다
그럴 듯 하나 매우 위험한 소지를 내포한 해석법이다.
성경 해석의 기본 원칙은 자구적 해석이 일차적이라면 의역이 타당한 경우라 해도 문자적 본뜻을 져버리는 비약은 성경의 참뜻을 외곡으로 이끌어 갈 위험성을 배제할 수 없는 요인이 된다
"너희는 중언부언 하지 말라" 이 말씀은 헬라어 원문 그대로
μὴ βατταλογήσητἕ[너희는 중언부언하지 말라)] 쓸데없이 했던 말을 또 하는 반복된 말로 중얼거리지 말라는 뜻 그 이상으로 비약해서는 안 된다.

(2) 지나친 영해로 비약해서는 안된다.
삭게오가 올라간 뽕나무
어떤 목사님은 엄청난 비약적 영해를 이끌어내기도 한다
삭게오가 예수님을 만나는 장면에 대한 성구를 다른 예로 들어본다

καὶ προδραμὼν εἰς τὸ ἔμπροσθεν ἀνέβη ἐπὶ συκομορέαν

카이 프로드라몬 에이스 토 엠프로스텐 아네베 에피 쉬코모레안

ἵνα ἴδῃ αὐτὸν ὅτι ἐκείνης ἤμελλεν διέρχεσθαι.

히나 이데 아우톤 호티 에케이네스 에멜렌 디에르케스다이

앞으로 달려가 보기 위하여 뽕나무에 올라가니 이는 예수께서 그리로 지나가시게 됨이러라 (누가복음19 :4)

이 장면에서 왜 삭게오가 뽕나무에 올라갔느냐 라는 명제를 던진 다음 뽕나무는 부활을 의미한다는 상징적 의미를 부여하여 강변한다. 그 이유로 누에가 고치가 되고 고치가 번데기로 변했다가 나방으로 날아 올라가는 그 과정을 뽕나무에 연관하여 뽕나무는 부활을 의미하는 것이라는 그럴듯한 논리를 편 것이다. 지나치게 영해로 이끌어가는 비약이 아닐 수 없다

성경해석은 사실적 상황에 입각한 배경을 무시해서는 안 된다.

συκομορέα(쉬코모레아)- 뽕나무.

뽕나무가 부활을 뜻하는 어떤 단서도 잡을 수 없다. 예수님이 지나시는 당시 그 길에 유독 키가 큰 뽕나무가 있어 거기 올라가면 키가 작은 삭게오 에게는 적절한 해결 방도였다는 사실을 인식시키고 있을 뿐이다.

다시 말해서 삭개오가 뽕나무에 올라간 것은

① 키가 남보다 작았기 때문이라는 것이 그 요인이며
② 뽕나무로 올라간 것은 "보디 위하여" 키가 작은 자가 할 수 있는 수단이었고
③ 그가 올라간 뽕나무 쪽으로 예수님이 지나시게 된 개연성을 그는 노치지 않았다는 당연성. 그 이상은 억지요 성경 원문의 본뜻을 호도하는 비약일 수밖에 없다.

성경이 기록된 실제의 배경을 더듬을 수 있는 것은 여리고에는 지금도 마치 우리나라의 해묵은 느티나무와 비슷하게 생긴 뽕나무들이 여기 저기 서 있는 것을 쉽게 볼 수 있다

2). 성경의 사본

성경은 원본 없이 사본으로 뿌리를 삼는다. 하나님의 말씀을 영감을 통해 받아 쓴 기자들의 글은 그것이 원본이 아니요 사본이기 때문이다.

사본에 사본이 이어져 오늘날까지 전해온 것이 성경전래의 역사이다. 대표적 사본이 기록된 문자는 히브리어와 헬라어이다. 주로 구약은 히브리어로 신약은 헬

라어로 기록된 것을 성경 원어로 일컬어 하나님의 계시로 인정하고 연구 봉독하고 있다. 그러므로 성경을 이해하기 위해서는 모든 충만함에 채워지도록 그 넓이와 길이와 깊이와 높이를 살피는 신중한 자세를 잃지 않아야 한다.

3).원어에의 접근

영어로 말하는 사람들과 교제하기 위해서는 영어를 할 줄 알아야 하듯이 성경을 이해하는 데는 원어로 기록한 히브리어나 헬라어를 익히는 것이 선결과제이다. 우리 성경은 원어에서 시작하여 라틴어로 라틴어에서 영어나 독일어를 거쳐 중국어를 대본으로 하고 일본어 성경을 참고로 번역된 것이기에 그 경로는 다양하고 복잡함으로 우리의 개역성경이 일점일획도 거짓 없이 완전무오한 하나님의 말씀이라고 자부하기에는 석연치 않은 점을 많이 내포하고 있다. 이를 바로 잡아나가는 데는 다시금 복잡한 경로를 거슬러 올라가는 거추장스러움을 초월해서 직접 하나님의 턱밑으로 다가앉는 것이 가장 손쉬운 방법이다. 그 방법은 단적으로 원어로 성경을 읽고 해석하는 것이다.

원어성경과 번역 성경에서의 감동과 이해의 차이를 알아보기 위해 그 예를 들어본다.

> “아브라함과 사라가 나이 많아 늙었고 사라의 경수는 끊어졌는지라 사라가 속으로 웃고 이르되 내가 노쇠하였고 내 주인도 늙었으니 내게 어찌 낙이 있으리요 여호와께서 아브라함에게 이르시되 사라가 왜 웃으며 이르기를 내가 늙었거늘 어떻게 아들을 낳으리요 하느냐 여호와께 능치 못한 일이 있겠느냐 기한이 이를 때에 내가 네게로 돌아오리니 사라에게 아들이 있으리라 사라가 두려워서 승인치 아니하여 가로되 내가 웃지 아니하였나이다 가라사대 네가 웃었느니라(창세기 18 : 11-15)”

> “아브라함이 그 낳은 곧 사라가 자기에게 낳은 아들을 이름 하여 이삭이라 하였고 그 아들 이삭이 난지 팔일 만에 그가 하나님의 명대로 할례를 행하였더라 아브라함이 그 아들 이삭을 낳을 때에 백세라 사라가 가로되 하나님이 나로 웃게 하시니 듣는 자가 다 나와 함께 웃으리로다 (창세기 21 : 3-6)”

וַתִּצְחַק שָׂרָה בְּקִרְבָּהּ

사라가 속으로 웃고(창세기 18 : 12)

וַיֹּאמֶר יְהוָה אֶל־אַבְרָהָם לָמָּה זֶּה צָחֲקָה שָׂרָה
여호와께서 아브라함에게 이르시되 사라가 왜 웃으며(창세기 18 : 13)

וַתְּכַחֵשׁ שָׂרָה לֵאמֹר לֹא צָחַקְתִּי כִּי יָרֵאָה וַיֹּאמֶר לֹא כִּי צָחָקְתְּ
사라가 두려워서 승인치 아니하여 가로되 내가 웃지 아니하였나이다
가라사대 아니라 네가 웃었느니라(창세기 18 : 15)

וַיִּקְרָא אַבְרָהָם אֶת־שֶׁם־בְּנוֹ הַנּוֹלַד־לוֹ אֲשֶׁר־יָלְדָה־לּוֹ שָׂרָה יִצְחָק
아브라함이 그 낳은 아들 곧 사라가 자기에게 낳은 아들을 이름 하여 이삭이라 하였고(창세기 21 : 3)

וַתֹּאמֶר שָׂרָה צְחֹק עָשָׂה לִי אֱלֹהִים כָּל־הַשֹּׁמֵעַ יִצְחַק־לִי
사라가 가로되 하나님이 나로 웃게 하시니 듣는 자가 다 나와 함께 웃으리로다(창세기 21 : 6)

יִצְחָק(이츠칵흐)[웃으리라]는 말로 시작하여 [웃었느니라] [안 웃었습니다.] [네가 웃었다.] 계속 연관하여 결국 그 이름을 [웃으리라]로 정해진다. 웃되 모두가 함께 웃는 것이 이삭의 탄생의 경로와 그 결과이다.
창세기 18 장과 21 장에 걸쳐 두드러지게
[צָחֲקָה(이츠칵흐)[웃었다][לֹא צָחַקְתִּי(로 이츠칵티)[내가 안 웃었다] [צָחָקְתְּ(이츠칵트)[네가 웃었다] [יִצְחָק(이츠칵크)[웃으리라] 계속 [웃는다]로 두드러지게 문맥을 이루고 있음을 히브리어 원어에서는 쉽고 자연스럽게 감지하게 된다. 그러므로 이삭의 출생은 [יִצְחָק 웃으리라]로 예정된 대로 참으로 웃게 만드시는 하나님의 오묘하신 섭리와 그 약속의 성취를 자연스럽게 확인하게 된다.

4). 성경의 배경적 이해

역사와 문화 전통과 관습 및 가족제도 등 시대적 제반 환경

성경이 기록될 당시의 사회현상이나 전통습관 제도들을 익히지 않으면 문구적(文句的) 해석으로 매우 생소하고 어리둥절할 경우가 많다. 그 예를 살펴본다.

유다 왕 아비얌과 아사는 부자간이다. 그런데 그 어머니는 똑 같이 아비살롬의 딸 마가라 했다. 그렇다면 아비얌과 아사 그리고 마가는 어떤 관계일까. 다 같이 마가를 어머니라 한다면 아비얌과 아사는 형제가 되어야 한다. 그런데 성경은 아비얌이 아버지요 아사가 그 아들이라고 분명하게 밝히고 있다.

אֲבִיָּם עִם־אֲבֹתָיו וַיִּקְבְּרוּ אֹתוֹ בְּעִיר דָּוִד וַיִּמְלֹךְ אָסָא בְנוֹ

베노 아사 우임로크 다위드 베이르 오토 우이크브루 임-아보타이오 아비얌

וַיִּשְׁכַּב תַּחְתָּיו

와이슈카브 탁하타이오

“아비얌이 그 열조와 함께 자니 다윗 성에 장사되고 그 아들 아사가 왕이되니라 (열와기 상 15 : 8)”

그 어머니 마아가 와의 관계를 찾아본다.

“느밧의 아들 여로보암 왕 제 십 팔년에 아비얌이 유다 왕이 되고 예루살렘에서 삼년을 치리 하니라 그 모친의 이름은 마아가라 아비살롬의 딸이더라 (열왕기상 15 : 1-2)“

וְשֵׁם אִמּוֹ מַעֲכָה בַּת־אֲבִישָׁלוֹם

아비샬롬 바트 마아카 이모 베솀

그 어머니의 이름은 아비샬롬의 딸 마아가라.

아사에 관하여

“이스라엘 왕 여로보암 제 이십년에 아사가 유다 왕이 되어 예루살렘에서 사십 일년을 치리 하니라 그 모친의 이름은 마아가라 아비샬롬의 딸이더라(열왕기상 15 : 9-10)”

아사의 모친이 마아가요 아비살롬의 딸이라는 것을 히브리 성경에 지적하고 있다.

וְשֵׁם אִמּוֹ מַעֲכָה בַּת־אֲבִישָׁלוֹם

바트-아비샬롬 마아카 이모 베솀

그 모친의 이름은 아비샬롬의 딸 마아가라

이 부분에 대하여 일본어 성경 聖書 列王紀上 15장 2절과 10절에
"その母の名はマアカと言てアブサロムの娘てあつた."
그 어머니의 이름은 마아가요 아비샬롬의 딸이라.
아비얌과 아사의 어머니 이름이 마아가라는 것을 밝히고 있다.

영어성경 King James Version 1 Kings 15 : 10에도
"And his mother's name was Maachah, daughter of Abishalom."

이 실마리를 푸는 단서는 中國語聖經 文理譯本(문리역본)에서 찾을 수 있다.
"狎沙龍女馬迦乃其祖母(列王紀畧上 第 十五章 十節)"
아비샬롬의 딸 마아가가 그의 祖母니라.

마아가가 아사에게서는 조모라는 것을 지적하고 있다. 이를 동조하는 것으로는 영어성경 King James Version 과 Revised Standard를 제외하고는 공통적으로
His grandmother's name was Maachah daughter of Abishalom.
마아가는 아사의 어머니가 아니라 그의 할머니라는 것을 밝힌다. 이로써 사실상 아비얌과 아사 그리고 마아가에 얽힌 야릇한 억측은 풀리게 된다. 그렇다면 왜 이런 해석이 나왔을까. 어느 쪽이 정설이냐 하는 새로운 문제가 야기된다. 요점은 어머니가 어째서 조모로 바뀌었나 하는 것이다.
성경해석의 근본적 뒷받침이 얼마나 중요하다는 것을 일깨워 준다.
성경해석에 있어서 문자적으로 해석해야 한다는 원론적 방법에서 성경이 씌어진 그 배경과 역사 그리고 전통과 풍속 등을 벗어날 수 없다는 중요성을 강조하는 실제적 사항이다.
이 성경은 이스라엘의 역사와 전통적 풍속과 습관을 바탕으로 기록된

것이다. 왜 마아가를 아비얌의 어머니라 하고 또 그 아들 아사의 어머니라고 했을까 근본적인 해결의 열쇠는 이스라엘의 고유한 전통에 매여있다는 것을 인식해야 한다. 소위 말하는 항렬에 있어서 아들 아버지 할아버지 그 위는 모두 할아버지로 지칭하는 것이 예사이나 이스라엘에서는 그 항렬을 2 대로 반복하고 있는 것이 특징이다. 아들과 아버지 2 대가 반복되는 것이 이스라엘 사람들이 지켜온 촌수이다. 그 실례로 부자와 나사로 이야기에서 지옥에 떨어진 부자가 아브라함에게 간청하는 장면이 나온다.

καὶ αὐτὸς φωνήσας εἶπεν, Πάτερ 'Αβραάμ, ἐλέησόν με

카이 아우토스 포네사스 에이펜 파테르 아브라암 엘레에손 메

"불러 가로되 아버지 아브라함이여 나를 긍휼이 여기사.

(누가복음 16: 24)"

Πάτερ 'Αβραάμ [아버지 아브라함이여.] 그 부자에게서 아브라함은 수 십대의 조상인데도 아버지라 칭한 것은 이스라엘의 풍속으로는 할아버지 대(代)라는 것이 없기 때문이다.

사실 우리가 하나님을 아버지라 부르는 것도 이스라엘의 전통에 따른 것이다. 만일 우리의 풍속대로라면 하나님을 하나님 할아버지라 불렀을 것이다.

히브리어에서 아버지를 **אב**(아브)라 하고 조상들을 아버지의 복수를 써서 **אבות**(아보트)라 한다. 성경에 자주 등장하는 열조(烈祖)는 조상들을 일컫는다.

אֲבֹתָיו(아보타이오)는 단어 그대로 우리말대로 해석하면 [그의 아버지들]이 된다.

열조 곧 그의 조상들과 같은 말이다

히브리어에서는 할아버지 할머니란 말이 없다는 그 제도적 배경을 알면 오해 없이 올바로 성경해석을 할 수 있다

5) 전통관습

야곱이 에서와 헤어져서 세겜에 거주하는 동안 딸 디나로 말미암아 큰 변란이 일어난다. 야곱의 아들들이 디나를 겁탈한 추장 세겜을 비롯한 성 사람들을 몰살시키므로 야곱 일가는 큰 위협을 맞게 된다. 세겜의 참상을 사방에 있는 히위 족

속들이 아는 날 야곱의 일가족이 몰살당할 대 참변을 피할 길 없게 되었다. 이때 하나님께서 야곱에게 지시한 말씀이
“벧엘로 가라”이다.
벧엘로 향해 그곳을 떠나기 전에 그들이 한 일은
“야곱이 이에 자기 집사람과 자기와 함께 한 모든 자에게 이르되 너희 중의 이방 신상을 버리고 자신을 정결케 하고 의복을 바꾸라(창세기 35 : 2)”

(1) 이방신상을 버렸다.

몸에 지니고 있는 이방신상과 귀고리 등 주문을 외울 때 사용하던 것들을 모두 거두어 야곱에게 내놓자 이것들을 상수리 나무아래 묻는다.

(2) 자신들을 정결케 한다.

철저한 회개는 마음뿐 아니라 몸까지 심신을 정결케 한다.

(3) 의복을 바꾼다.

걸치고 있는 옷마저 깨끗한 것으로 갈아입음으로 완전한 회개의 모습을 드러낸다. 몸에 드라빔이나 귀고리 등 장신구를 지니는 것이 당시의 관습임을 알 수 있으나 왜 의복을 바꾸었을까.

축제를 맞이하면 그 축제에 임하는 자세로서 옷을 갈아입는 풍속이 있었다. 회개의 의식으로 몸과 마음을 정결케 하는 표상으로 옷을 갈아입는 것도 히브리민족의 전통관습 중 하나 이다. 그리고 옷을 갈아입은 또 다른 의미를 살펴본다.

히브리인들의 자긍심은 그들이 하나님께 선택받은 하나님의 택한 백성이라는 선민의식이다. 그 자랑으로 그들은 어디 가든지 이방인들과 섞여 살지 않았고 대대로 내려온 풍속에 따른 전통 의상을 착용함으로 긍지로 삼았다. 그러나 이방인들과 가까이 지내며 서로 왕래를 하는 동안 이방인들의 입고 있는 의상에 호기심을 갖게 되고 은연중 그것을 착용하는 데 주저하지 않음으로 관습의 문란은 자연스럽게 진행되고 있었으리라 본다.

의복을 바꾸라는 야곱의 명령은 이런 맥락에서 소스라쳐 자신들의 본연의 모습으로 돌아가려는 강한 의지를 나타낸 것을 살필 수 있다.

6) 어원에서의 이해

구약 히브리어 성경에서 접하는 많은 용어들 중 인명과 지명은 그것 자체가 의미를 지니고 있음으로 인명이나 지명을 제대로 파악하면 본 뜻

을 깊이 헤아리는 데 큰 도움이 된다.

아담 אָדָם

태초에 창조된 아담(אדם)은 사람(성인 남자)을 칭하는 것으로 창조의 그 재료는 땅(אדמה 아다마)에서 취한 흙(עפר아파르)이다. 아다마(אדמה)에서 아담(אדם)이라는 이름이 지어졌다.

וַיִּיצֶר יְהוָה אֱלֹהִים אֶת־הָאָדָם עָפָר מִן־הָאֲדָמָה

민 하아다마 아파르 에트하아담 엘로힘 야웨 와이체르

וַיִּפַּח בְּאַפָּיו נִשְׁמַת חַיִּים וַיְהִי הָאָדָם לְנֶפֶשׁ חַיָּה

하야 레네페쉬 하아담 와예히 하욤 니쉬마 베아파우 와이팍흐

"여호와 하나님이 흙으로 사람을 지으시고 생기를 그 코에 불어넣으시니
사람이 생령이 된지라(창세기 2 : 7)"

멜기세덱 מַלְכִּי־צֶדֶק

그 어감에서 우리말의 잠재적 의식으로 느끼는 바는 어느 집 새댁을 쉽게 연상케 한다. 보이지 않게 작용하는 괴리의 일종이라 하겠다. 그 이름이 출현하게 되는 성구를 찾아본다.

וּמַלְכִּי־צֶדֶק מֶלֶךְ שָׁלֵם הוֹצִיא לֶחֶם וָיָיִן וְהוּא כֹהֵן לְאֵל עֶלְיוֹן

엘리욘 라엘 코헨 웨후 와야인 렉헴 호치이 매라크 샬렘 우말키 체대크

살렘왕 멜기세덱이 떡과 포도주를 가지고 나왔으니 그는 지극히 높으신 하나님의 제사장이었더라(창세기 14 : 18)

그의 이름은 מֶלֶךְ(멜렉-왕) צדיק (차띠이크-의)의 합성으로 [의의 왕]임을 이름 자체에서 이미 밝혀 놓고 있다.

벧엘 בֵּית־אֵל

구약에서 벧엘에 관하여 두 가지로 아주 다른 경우를 발견할 수 있다.

קוּם עֲלֵה בֵית־אֵל(쿰 알라 베이트엘)- 벧엘로 가라.(창 35 : 1)

וְאַל־תִּדְרְשׁוּ בֵּית־אֵל(베알 티드레슈 베이트엘)- 벧엘을 찾지말라.

(아모스 5 : 5)

דָּרַשׁ(다라쉬)[방문하다. 호소하다. 도움을 청하다. 추구하다.]

אַל(알)[말라.]

역사적 그 유래를 알지 못하면 바르게 납득하기 어렵다.
야곱이 처음 돌베개를 세워 기름 붓고 하나님의집 이라고 일컬은[벧엘]이 후대에 가서는 사람들의 환심을사기 위한 인위적 수단으로 세워지는 제단으로서의 [벧엘]이 된다.

그 밖에 어원의 그릇된 해석으로 오역된 단어들도 있다. 그 예로서 원욕을 들어 본다.

וְתָפֵר הָאֲבִיּוֹנָה(웨타페르 하에비요나) -원욕이 그치리니.(전도서 12 : 5)

פרר(파라르)[깨뜨리다. 박살내다. 비게되다.]

אביונה(에브요나)를 원욕으로 해석한 것은 어원의 그릇된 인식으로 야기한 오역이다. 원욕(願慾)을 사전적 의미로 볼 때 소원과 욕망으로 풀이된다.
אבתונה(에브요나)는 אביון(에브욘) 즉 가난함 곤고함에서 뜻을 찾아 의역을 한 것으로 간주된다. 사실 אביונה(에브요나)는 백화채의 나무 이름으로서 그 열매는 식욕을 증진시키며 흥분제나 원기회복제로 쓰인다. 따라서 원문에서 원욕이 아닌 열매이름으로 수정하는 것이 마땅하다.

성경을 바르게 이해하기 위해서는 그 외에도 성경에 명시되지 않았으나 지극히 당연한 것들이 무엇인가 그것을 규명하기 위한 배경 연구에도 깊은 관심을 가져야 한다.

한 때 서울의 어느 교회 목사가 “십일조 안 해도 된다. 신약 성경에는 십일조 하라는 성경구절이 한 군데도 없다”라고 해서 많은 성도들을 혼란케 한 일이 있다. 신약에도 십일조에 관한 언급은 분명히 있다.
십일조를 꼭 해야 한다는 예수님의 말씀이 없다는 지적은 성경에 깊은 지식이 없는 소치에서 나온 섣부른 단정이다. 유대인들의 전통적신앙관에서 십일조는 너무나 당연한 것이라 새삼 거론 할 필요가 없는 당연한 일이다.

7) 십일조에 관한 신약에서의 예수님의 언급

Οὐαὶ ὑμῖν, γραμματεῖς καὶ Φαρισαῖοι ὑποκριταί, ὅτι ἀποδεκατοῦτε
τὸ ἡδύοσμον καὶ τὸ ἄνηθον καὶ τὸ κύμινον καὶ ἀφήκατε τὰ βαρύτερα τοῦ νόμου, τὴν κρίσιν καὶ τὸ ἔλεος καὶ τὴν πίστιν· ταῦτα [δὲ] ἔδει ποιῆσαι κἀκεῖνα μὴ ἀφιέναι.

"화 있을진저 외식하는 서기관들과 바리새인들이여 너희가 박하와 회향과 근채의 십일조를 드리되 율법의 중한바 의와 인과 신은 버렸도다 그러나 이것도 행하고 저것도 버리지 말아야 할지니라

(마태복음 23 : 23)"

[δὲ] ἔδει ποιῆσαι κἀκεῖνα μὴ ἀφιέναι

데 에데이 포이에사이 카케이나 메 아피에이나이.

이것도 행하고 저것도 버리지 말라.

이 말씀에는 십일조도 드리고(**ἀποδεκατοῦτε**) 의와 인과 신도 버리지 말라고 분명하게 지시하고 있다.

말씀을 들을 때 멀리서 들으면 잘 안 들리거나 잘못 들을 있다. 가까이 가는 것이 최선이다. 하물며 성경 말씀이 시대와 문화와 언어와 민족을 거쳐 우리 손에 들려지지 까지는 많은 오류와 왜곡으로 인한 오해의 발생을 결코 묵살할 수 없다. 그 첩경은 하나님께 가까이 가는 것이다. 하나님의 턱밑으로 바싹 다가가서 그야말로 일점일획도 어김없이 바르게 듣는 것이 최상의 방법이다. 그 실제적 방법은 원어를 익히고 당시의 배경과 환경 역사 속으로 들어가는 지식의 연마가 필수적이다.

3. 우리 성경에 기록된 어려운 낱말들

우리 성경에는 사서삼경을 해독할 수 있는 학자라야 이해하는 어려운 한문 투의 문장들이 아주 많다. 그 예를 추려서 원어를 대조하여 살피면서 원어와 얼마나 거리가 있나 원 사본에 바싹 다가가려는 노력을 기우려 본다. 진리의 말씀을 옳게 분변하기 위해 진지한 태도로 알아듣기 쉽게 하나님의 말씀에 귀 기우려 본다.

태초(太初)

בְּרֵאשִׁית בָּרָא אֱלֹהִים אֵת הַשָּׁמַיִם וְאֵת הָאָרֶץ

태초에 하나님이 천지를 창조하시니라(창세기 1 : 1)

בְּרֵאשִׁית(베레쉬트)[태초에]

רֹאשׁ(로쉬)[머리] 처음 가장 으뜸 되는 시작을 뜻한다.

ב(베)[안에. in] ית(이트)[차례. 서수 등의 의미] רֹאשׁ(로쉬) 앞에

전치사 ב(베)가 붙고 רֹאשׁ(로쉬)의 뒤에 ית(이트)를 접속시켜

בְּרֵאשִׁית(베레쉬트)[태초에]가 성립되었다.

בְּרֵאשִׁית 는 창세기 1장 1절의 태초를 서술하는 최초의 단어로서

우연찮게 뜻이 깊다. 첫 자에 결합된 전치사 בְּ를 살펴보면 한쪽은

터지고 한쪽은 막혀있다. 히브리어는 오른쪽에서 왼쪽으로 읽는 법칙에서도 재미있는 현상을 감지하게 된다. 즉 막힌 곳으로 가지 말고 열린 곳으로 가라 무언의 지시가 성경이 기록되는 효시인 그 첫 자에 암시되어 있는 것이 예사롭지 않은 의미를 준다.
번역된 다른 성경들과도 대조해 보며 우리 성경이 원어와 어떤 거리에 있나 마음을 가다듬어 살펴본다.

In the beginning God created the heaven and the earth.(KJV)RSV)
KJV : King James Version. RSV : Revised Standard Version.
太初(文理譯本) 起初上帝創造天地 (統一譯本)
初(はじめ)に神(かみ)は天(てん)と地(ち)とを創造(そうぞう)された(日本聖書協會)
태초(太初)[천지가 처음 열린 때. 천지가 창조된 때]

文理譯本 : 우리성경이 최초로 번역될 때 대본으로 삼은 중국성경.
統一譯本 : 문리역본이 지극히 난해한 지식층을 위한 성경인데 비해
일반적으로 쉽게 이해할 수 있도록 중국의 표준어를
쓰는 나라와 지역에서 통일적으로 사용하고 있는 보통화
즉 회화체의 문언으로 기록된 중국성경.
聖書 : 日本聖書公會가 펴낸 일본어 성경.

혼돈(混沌)

וְהָאָרֶץ הָיְתָה תֹהוּ וָבֹהוּ

땅이 혼돈하고 공허하며 (창세기 1 : 2)

תֹהוּ וָבֹהוּ (토후 와보후)[혼돈과 공허]

תֹהוּ (토후)[형체가 없는 혼돈상태. 텅빔. 무형] **בֹּהוּ** (보후)[공간. 빈터 결핍]

And the earth was without form and void.(KJV)(RSV)
地是空虛混沌(統一) 地(ち)は形(かたち)なく むなしく.(聖書)
혼돈(混沌) [하늘과 땅이 아직 나누어지지 않은 상태. 사물의 구별이 확연하지 않음. 그 상태.]

흑암(黑暗)

וְחֹשֶׁךְ עַל־פְּנֵי תְהוֹם

흑암이 깊음 위에 있고(창세기 1 : 2)

חֹשֶׁךְ (코쉐크) [어두움 모호함. 은밀한 곳. 지하세계. 비참함 역경]

And the darkness was upon the face of deep.(KJV)(RSV)
淵面黑暗 (統一) やみが淵(ふち)のおもてにあり.(聖書)
흑암(黑暗) [몹시 어두움. 비유적으로 고통 고민 당혹공포 죄악 무지]

운행(運行)

וְרוּחַ אֱלֹהִים מְרַחֶפֶת עַל־פְּנֵי הַמָּיִם

하나님의 신은 수면에 운행하시니라(창세기 1 : 2)

מְרַחֶפֶת(메락헤페트)[움직이고 있는. 떠돌고 있는.]

רחף (락하프)[① 움직이다 배회하다 새 따위가 하늘을 떠돌아다니다
② 영향을 받다 ③ 소중히 하다 ④ 두려워 떨다]

And the Spirit of God moved the face of the water.(KJV)
moving (RSV)
上帝的靈運行在水面上(統一)
神(かみ)の靈(れい)が水(みす)のおもてをおおっていた.(聖書)
운행(運行) [운전하여 다님. 천체가 궤도를 따라 운행함]

궁창(穹蒼)

וַיַּעַשׂ אֱלֹהִים אֶת־הָרָקִיעַ

하나님이 궁창을 만드사(창세기 1 : 7)

רָקִיעַ (라키아)[넓어진 표면. 넓은 장소(공간). 창공]

firmament -하늘 창공 (KJV) (RSV) 穹蒼(文理) 空氣(統一)
おおそら-하늘(聖書)
궁창(穹蒼) [높고 푸른 하늘. 창천(蒼天)]

형상(形象)

וַיֹּאמֶר אֱלֹהִים נַעֲשֶׂה אָדָם בְּצַלְמֵנוּ כִּדְמוּתֵנוּ

하나님이 가라사대 우리의 형상을 따라 우리의 모양대로 우리가 사람을 만들고(창세기1 : 26)

בְּצַלְמֵנוּ כִּדְמוּתֵנוּ(베찰메누 카드무테누)[우리의 모양을 따라 우리의 형상대로] דְמוּת(데무트)[닮음. 형상. 모양. 자태]

צֶלֶם(체렘)[그늘. 그림자. 형상. 닮음]

in our image after our likeness.(KJV)(RSV)
我們的形象,我們的樣式(統一)
われわれのかたちに われわれにかたとって(聖書)

형상(形象)[생긴 모양] דְמוּת(데무트).

생령(生靈)

וַיִּפַּח בְּאַפָּיו נִשְׁמַת חַיִּים וַיְהִי הָאָדָם לְנֶפֶשׁ חַיָּה
생기를 그 코에 불어넣으시니 사람이 생령이 된지라
(창세기 2 : 7)

נֶפֶשׁ חַיָּה (네페쉬 하야) [살아있는 영]

נֶפֶשׁ (네페쉬)[① 숨 ② 냄새 향기 ③ 영혼 생명 ④ 정신 마음 ⑤ 동물]

man became a living person.(KJV) living being (RSV)
成血氣之人(文理) 有靈的活人(統一) 生(い)きた者(もの)(聖書)
생령(生靈) [생명. 산 사람의 영혼]

[생령]을 [영의 사람][영이 살아나다]로 구체화 시키면 더 쉽게 이해가 될 것이다.
“생기를 그 코에 불어넣으시니 영이 살아난지라.”

화염검(火焰劍)

וְאֵת לַהַט הַחֶרֶב הַמִּתְהַפֶּכֶת לִשְׁמֹר אֶת־דֶּרֶךְ עֵץ הַחַיִּים
두루 도는 화염검을 두어 생명나무의 길을 지키게 하시니라
(창세기 3 : 24)

לַהַט הַחֶרֶב(라하트 학헤레브)[그 불꽃 칼]

לַהַט(라하트)[불꽃] חֶרֶב (케레브)[칼. 검] הַ (하) [그 (관사)]
flaming sword (KJV)(RSV) 焰劍(文理) 轉動發火燄的檢(統一)
炎(ほのお)のつるぎ (聖書)
화염검(火焰劍)[(하나님이 불꽃 속에 나타난 것을 유래로) 불꽃으로

이루어진 칼. 칼 모양의 불꽃]

화염검(火焰劍)을 더 쉬운 말로 [불 칼] [불꽃 칼] 등으로 대신할 수 있겠으나 하나님의 존재를 상징하는 장엄한 분위기를 연상할 때 그 어감에서 [화염검]이 훨씬 우월하다.

열납(悅納)

וַיִּשַׁע יְהוָה אֶל־הֶבֶל וְאֶל־מִנְחָתוֹ
여호와께서 아벨과 그 제물은 열납하셨으나
(창세기 4 : 4)

יִשַׁע(샤아)[둘러보다. 응시하다. 지켜보다. 보다]
the Lord had respect unto Abel and to his offering.-respect(KJV)
the Lord had regard for Abel and his offering -regard (RSV)
眷顧(文理) 看中(統一) 顧(かえり)みる(聖書)
열납(悅納)[기쁘게 받아들임]

쉽게 우리말로 [기뻐 받다]가 좋겠다.
"여호와께서 아벨과 그 제물은 기뻐 받으셨으나"

유사(有司)

וְדִבְּרוּ הַשֹּׁטְרִים אֶל־הָעָם לֵאמֹר

유사들은 백성들에게 고하여 이르기를
(신명기 20 : 5)

דִּבְּרוּ הַשֹּׁטְרִים (띠베루 하쇼테림)[그 유사들이 말한다.]

שֹׁטֵר (쇼테르)[관원. 관리. 패장]

officer(KJV)(RSV) 諸族長(文理) 官長(統一) つかさ-관리 관직(聖書)
유사(有司) [①단체의 사무를 맡아보는 직무 ②교회의 재산 직무를 맡아보는 직무 ③초상이나 가정의 대 사등에 일을 맡아 보는 집사.]

유사에 해당하는 적절한 말을 찾아보는 것도 원어접근을 다루는 하나의 과제라 하겠다.

천자(擅恣)

וְהָאִישׁ אֲשֶׁר־יַעֲשֶׂה בְזָדוֹן
사람이 만일 천자히 행하고
(신명기 17 : 12)

זָדוֹן (자돈)[거만함 무례함 주제넘게]
중국어 문리역본(文理譯本)의 천행(擅行)을 옮겨온 말로 [멋대로 하다]의 뜻을 가지고 있다. 이 어려운 말을 제대로 알고 해석하는 사람이 몇이나 될까.
presumptuously-뻔뻔스럽게 주제넘게.(KJV)(RSV) 그리 어렵지 않게 해석이 된다. ほしいままにふるまい-제 좋은 대로 멋대로.(聖書)

천자(擅恣)를 예사로운 말 [주제넘게]로 바꾸면 훨씬 쉽게 이해가 빠를 것이다.
"사람이 만일 주제넘게 네 하나님 앞에서"

분의(分誼)

וְלֹא־יֹאמְרוּ בְנֵיכֶם מָחָר לְבָנֵינוּ אֵין־לָכֶם חֵלֶק בַּיהוָה
너희는 여호와께 분의가 없다 못하게 하려함이로다.
(여호수아 22 : 27)

חֵלֶק(케레크)[몫 토지 영토 분깃]

part(KJV) portion(RSV) 分(統一) 特權(とくけん)(聖書)
분의(分誼)[정의(情誼). 情誼를 나누다]

우리말 사전의 [정의(情誼)]와 분의는 원어의 제시와는 그 뜻에서 조금 차이가 있다. 차라리 성경에 많이 쓰이고 있는 [분깃]으로 하면 훨씬 쉽고 혼란스럽지 않을 것 같다.
"너희는 여호와께 받을 분깃이 없다 못하게 하려 함이로다"

폐백(幣帛)

אֵין־חֵפֶץ לַמֶּלֶךְ בְּמֹהַר

왕이 아무 폐백도 원치 아니하고
(삼상 18 : 25)

מֹהַר(모하르)[아내를 얻는데 쓰이는 값. 빙물(聘物)]

dowry (K J V) marriage present(RSV) 聘(文理)(統一) 結納(聖書)
폐백(幣帛)
①[신부가 시부모에게 처음 절할 대 드리는 대추나 포 같은 것]
②[신랑이 신부에게 주는 청단]
③[제자가 처음 뵙는 스승에게 바치는 선물 또는 점잖은 사람을 만나러 갈 때 가지고 가는 선물]
聘物(빙물) [① 남을 방문할 때 가지고 가는 예물 선물 ② 외국에 사신으로 갈 때 가지고 가던 예물(禮物).

일반적으로 우리의 관념상의 폐백과 성경이 전하는 폐백은 용어의 차이가 있다. 원문의 내용으로 볼 때 오히려 [예물]이 적절하겠다.
"왕이 아무 예물도 원치 아니하고—"

흔단(釁端)

כִּי לוּלֵא דִּבַּרְתָּ

네가 흔단의 말을 아니 하였더면

(삼하 2 : 27)

히브리어 원문에는 흔단이란 말이 없다.

דִּבַּרְתָּ(띠베르타)[네가말했다] 의역적으로 흔단이란 말을 첨가 한 것 같다.

unless thou hadst spoken -네가 말하지 않았더라면(KJV)
if you have not spoken-(RSV)
如爾無角枝之擧(文理) 你若不說戲要的那句話(統一)
もしあなたが言(い)いださなかったらならば -네가 말하지 않았으면(聖書)
흔단(釁端) [틈이 생기는 실마리, 서로 달라지는 시초]

원문에 없는 말을 첨가한 것은 좀더 원문의 내용을 적절히 번역하려 했던 의도로 여겨진다. 대신 어렵기 때문에 이해에는 별 도움이 못된다.

דִּבַּרְתָּ(띠베르타) [네가말했다] 원문그대로 흔단을 쓰지 않고도 내용을 바르게 전할 수 있는 문장으로 고쳐본다.
"네가 그런 말을 아니 하였더라면.."

년부년(年腹年)

וַיְהִי רָעָב בִּימֵי דָוִד שָׁלֹשׁ שָׁנִים שָׁנָה אַחֲרֵי שָׁנָה

다윗의 시대에 년부년 삼년 기근이 있으므로(삼하 21 : 1)

שָׁנָה אַחֲרֵי שָׁנָה(샤나 악하레이 샤나)[해를 지나 또 해를]
[년부년]은 우리말사전에 없는 말이다.
[해마다 또는 해를 거듭해서]로 풀이 된다.
year after year(KJV) 歷三載(文理譯) 一連三年(統一)
年(とし)また年(とし)と三年(さんねん)(聖書)

미루어 년부년은 [해를 거듭해서] 즉 [삼년을 거듭해서]로 번역하는 것이 훨씬 간결하다.
"다윗의 시대에 삼년을 거듭해서 기근이 있으므로"

양척(兩隻)

לֹא יֵשׁ־בֵּינֵינוּ מוֹכִיחַ יָשֵׁת יָדוֹ עַל־שְׁנֵינוּ

양척 사이에 손을 얹을 판결자도 없구나(욥기 9 : 33)

양척(**בֵּינֵינוּ** 베이네이누)[너와 나 사이]

betwixt us(KJV) between us(RSV)
我凡民也(文理) 我們兩(統一) われわれふたり(聖書)
양척(兩隻)[원고와 피고]

판결에서 원고와 피고 사이를 양척이라 쓴데서 유래한 말로서 본 문장에서는 히브리어 원어 그대로 [우리사이]로 번역하는 것이 자연스럽고 정확하겠다.
"우리 사이에 손을 얹을 판결자도 없구나."

음예(陰翳)와 유암(幽暗)

הוּא חוֹקֵר אֶבֶן אֹפֶל וְצַלְמָוֶת

음예와 유암중의 광석을 구하되(욥기 28 : 3)

אֹפֶל(오펠)[어둠 암흑)

אֹפֶל로 기록된 성경은 중국어 성경 文理역 統一역과 더불어 우리말 개역성경이 일치하고 있다.
darkness(KJV) gloom and darkness -어둡고 침침한.(R S V)
暗黑(あんこく)(聖書)
음예(陰翳)[침침하고 음산한 어둠].

[음예]를 제대로 이해하는 사람은 별로 많지 않은 어려운 말이다.

곁들여진 유암(幽暗) צַלְמָוֶת(찰무트)은 [죽음의 그림자 짙은 어둠]을 뜻하는 것으로 역시 난해한 말이다. 쉽게 이해할 수 있게 [음산한 어둠 속으로]로 바꾸어 본다.
"음산한 어둠 속에서 광석을 구하되"

죄얼(罪孼)

נְאֻם־פֶּשַׁע לָרָשָׁע בְּקֶרֶב לִבִּי אֵין־פַּחַד אֱלֹהִים לְנֶגֶד עֵינָיו

악인의 죄얼이 내 마음에 이르기를 그 목전에는 하나님을 두려워함이 없다 하니(시 36 :1)

פֶּשַׁע (패솨)를 죄얼로 번역했다.

פֶּשַׁע(패솨)[허물 또는 허물의 형벌].

transgression(범죄)(KJV나 RSV) 惡人所爲(文理譯) 惡人的罪過(統一譯)
とがは惡き物にむかい(聖書)
죄얼(罪孼) [죄악에 대한 재앙]. 다른 말로는[죄의 씨라]

[죄얼]을 쉬운 말로 번역하면 [악한 꾀라]가 더 두드러질 것 같다.
"악인의 악한 꾀가 내 마음에 이르기를...."

은휘(隱諱)

אָמַרְתִּי לֹא־כִחַדְתִּי חַסְדְּךָ וַאֲמִתְּךָ לְקָהָל רָב

내가 주의 인자와 진리를 은휘치 아니하였나이다
(시 40 : 10)

כִּחֵד(칵하드)[부인하다. 잠그다. 억제하다. 보류하다]

I have not hit thy righteousness.-숨기지 않았다.(KJV)
I have not thy saving help.-(RSV)
無妄(文理) 未曾(統一)

心(こころ)のうちに隱(かく)しおかず-마음에 숨겨두지 않고(聖書).
은휘(隱諱)[꺼리어 숨기고 피하다]
본문에서는 [드러내기를 꺼리지 아니 하다]가 좋겠다.
"내가 주의 인자와 진리를 대회 중에서 드러내기를 꺼리지 아니
하였나이다."

완패(頑悖)

הֹמִיָּה הִיא וְסֹרָרֶת בְּבֵיתָהּ לֹא־יִשְׁכְּנוּ רַגְלֶיהָ

이 계집은 떠들며 완패하며 그 발이 집에 머물지 아니하며
(잠언 7 : 11)

סָרַר(싸라르)[완고하다. 다루기 힘들다. 고집스럽다. 반항적이다.]
stubborn-완고(KJV) wayward-외고집 변덕(RSV)
不守約束(統一) 愼(つつし)みなく- 조심성 없이(聖書)
완패(頑悖) [성질이 완악하고 패악함]
패악(悖惡) [도리에 어긋나고 흉악함]

סָרַר(싸라르)를 완패로 번역하여 [떠들며]와 [머물지 아니하며]의 순수
우리말 사이에 삽입한 것은 문장의 수사적 조화를 깨뜨리는 불균형이라
억지스럽다. 완패를 [괴팍]으로 바꾸어 본다.
"이 계집은 떠들며 괴팍하며...."

도략(韜略)

לִי־עֵצָה וְתוּשִׁיָּה

내게는 도략과 참 지식이 있으며
(잠언 8 : 14)

עֵצָה(에차)[조언. 충고. 의논. 지혜. 모략]
council(KJV RSV) 智謀(文理) 謀略(統一) 計(はか)りこど-계략 (聖書)

도략(韜略) [육도삼략(六度三略)이라는 병법에서 유래한 준말]

[지략]이나 [계략]으로 **עֵצָה**(에차)에 접근 해본다.
"내게는 지략과 참 지식이 있으며.."

패려(悖戾)

תּוֹעֲבַת יְהוָה עִקְּשֵׁי־לֵב

마음이 패려한 자는 여호와의 미움을 받아도
(잠언 11 : 20)

עִקְּשֵׁי־לֵב(이캐쉬 레브)[마음이 삐뚤어진. 바른 길을 벗어난]
forward -주제넘은(KJV) perverse mind -심술궂은 마음.(RSV)
頑嚚之輩(文理) 心中乖僻(統一) (嚚은 - 어리석을 은 미련할 은)
心のねじけ(聖書)
패려(悖戾) [성질이 순직하지 못하고 비꼬임. 완고한 심술궂은]

대체적으로 [마음이 바르지 못 하다]에 공감되고 있다.
패려를 [마음이 바르지 못한 자]로 대신해 본다.
"마음이 바르지 못한 자는 여호와의 미움을 받아도..."

자자(刺字)

שָׁק כִּי־תַחַת יֹפִי

자자한 흔적이 고운 얼굴을 대신할 것이며
(이사야 3 : 24)

שָׁק (사크)[문신한 흔적]
burning(KJV) shame(RSV) 烙印(文理) 落傷(統一)
燒(やき)印(いん)-낙인(聖書)
자자(刺字) [①글자로 문신하는 일 ② 옛날 중국에서 죄를 범한 자에게 얼굴이나 팔뚝에 죄명을 먹칠로 새겨 넣은 자문(刺文) 에서 유래 즉 글자로 문신하는 것].

본문의 שְׁק(사크)에 관해서 [자자한 흔적]은 정복자들이 그들의 앞이마에 불로 표한 낙인을 [자자]로 번역했다. [자자]라는 어려운 말 대신 [화인(火印)]이 훨씬 의미전달에 도움이 된다.
"화인 맞은 흔적이 고운 얼굴을 대신할 것이며..."

설만(褻慢)

כִּי כֻלּוֹ חָנֵף וּמֵרַע וְכָל־פֶּה דֹּבֵר נְבָלָה

이 백성이 각기 설만하여 악을 행하며 입으로 망령되이 말하니
(이사야 9 : 11)

חָנֵף(카네프)[신성 모독적인. 비속한 자. 사곡한 자]
hypocrite(KJV) godless(RSV) 狂妄(文理) 褻瀆(統一)
不信仰(ふじんこう)(聖書)
설만(褻慢)[행동이 거만하고 무례함]
חָנֵף(카네프)에 맞는 말로서는 신성모독적인 행동을 나타내는 태도로 [경건치 못하다]를 대신해 본다.
'이 백성이 모두 경건치 못하며 악을 행하며.... "

각근(恪勤)

אֶדַּדֶּה כָל־שְׁנוֹתַי עַל־מַר נַפְשִׁי

내 영혼의 고통을 인하여 내가 종신토록 각근히 행하리이다.
(이사야 38 : 15)

דָּדָה(따다)[서서히 움직이다]
go softly(KJV) sleep has fled (RSV)
必加謙遜終身不易(文理) 悄悄而行(統一)

わが眠(ねむ)りはことごとく逃けさった-나는 잠이 달아났다.(聖書)
각근(恪勤)[정성을 다 해 부지런히 일함]

번역이 만만치 않은 대목이다. 이에 C. F Keil and Delitzsch는 다음과 같이 언급했다.

"그는 영혼의 고통에 대한 세월 즉 그것에 뒤따르는 세월, 그의 생명에 붙여진 세월 내내 조용히(근심 없이) 걸을 것이다.(성전을 향한 걸음이 아니라 인생의 걸음을 언급)"

文理譯 - 必加謙遜終身不易 즉 [겸손히 종신토록 반드시 이행하리라]등을 참고해 볼때 הָדַד(따다)의 뉴앙스를 제대로 전달하기란 쉽지 않다.
[착실히]로 대치해 본다.
" 내 영혼의 고통을 인하여 내가 종신토록 착실히 행하리이다."

패리(悖理)

הֲפְכְּכֶם(하패케켐)
너희의 패리함이 심하도다
(이사야 29 : 16)

הֶפֶךְ (해패크)[반대. 모순. 외고집. 심술]을 뜻하며 [바르게 서지 못하고 반대로 뒤집힌 상태] 또는 [어긋 됨]을 의미한다.
turning things upside down-앞뒤 아래 위가 뒤바뀐 상태.(KJV RSV)
悖理(文理) 顚倒(統一). 轉倒(てんとう)(聖書)
패리(悖理)[도리에 어그러짐]

문맥을 따라 [어그러짐]이라 해도 무방할 것이다.
"너희의 도리에 어그러짐이 크도다."

자산(赭山)

רוּחַ צַח שְׁפָיִים בַּמִּדְבָּר דֶּרֶךְ בַּת־עַמִּי

뜨거운 바람이 광야 자산에서 내 딸 백성에게 불어온다
하리라(예레미아 4 : 11)

שְׁפָיִים(쉐파임) **שְׁפִי**(쉐피)[벗겨진 산]의 복수

high place(KJV) bare height(RSV)
曠野童山(文理) 爭光的高處(統一)
裸(はたか)の山(やま)(聖書)
자산(赭山) [나무가 없는 붉은 산. 벌거숭이 산]

이스라엘 대부분 지역은 나무가 제대로 자라지 않는 벌거숭이
산들이다. 그 모습을 연상할 수 있게 표현된 말이
שְׁפָיִים(쉐파임)(벗겨진 산들)인데 비해
우리말 성경의 赭山은 고답적 문구로 답답함을 느끼게 한다.
순수한 우리말 [벌거숭이 산]이라 해도 나무랄 바는 없을 것이다.
"- 광야 벌거숭이산에서 내 딸 백성에게 불어온다 하리라"

탐람(貪婪)

כִּי מִקְּטַנָּם וְעַד־גְּדוֹלָם כֻּלּוֹ בּוֹצֵעַ בָּצַע

이는 그들이 가장 작은 자로부터 큰 자까지 다 탐람하며
(예레미아 6 : 13)

בָּצַע(베차)[폭력이나 불의로 취득한 유익 또는 이익]

covetousness(KJV). greedy(RSV) 貪婪(文理 . 統一)
不正な利をむさぼり-부정한 이를 탐하다.(聖書)
탐람(貪婪)[욕심이 많음]

다른 말로는 탐도(貪饕)가 있다. 이는 카토릭에서 七罪宗의 하나로
너무 먹고 마시는 일에 해당된다.

탐람(貪婪)이란 어려운 말을 쓰게 된 연유는 중국의 文理譯本을 대본으로 했기 때문이라는 설명을 다시 부연하게 된다. 이를 covetousenesss 나 greedy의 [게걸스러움]과 일본의 [부정한 이를 탐하는 것] 등과 견주어 흔히 쓰는 [탐욕(貪慾)]으로 바꾸어

בֶּצַע(베차)에 접근시켜 본다.

"이는 그들이 가장 작은 자부터 큰 자까지 다 탐욕스러우며.."

치소(嗤笑)

לָשׂוּם אַרְצָם לְשַׁמָּה שְׁרוּקֹת שְׁרִיקוֹת עוֹלָם

그들의 땅으로 놀랍고 영영한 치소가 되게 하리니

(예레미아 18 : 16)

שְׁרִיקוֹת(쉐리코트)

שְׁרִיקָה(쉐리카)[휘파람소리 쉿 소리 피리를 붊]의 복수.

hissing(KJV)[휘파람 소리나 비웃는 소리](KJV)(RSV)

怨憤之聲(文理)　嗤笑(統一)　舌打(したうち)-혀를 참.(聖書).

치소(嗤笑)[빈정거려 웃음] 統一譯과 같다.

hissing(KJV)이나 舌打(したうち)는 **שְׁרוּקַת**(쉐리카)의 근사한

번역이다.

앞부분의 "그들의 땅은 놀랍고" 순수한 우리말 문장과 조화를 이루어 [영영한 치소]를 [두고두고 웃음꺼리]로 하는 것이 문장구성에 맞겠다.

"그들의 땅으로 놀랍게도 두고두고 웃음꺼리가 되게 하리니"

행리(行李)

כְּלֵי גוֹלָה עֲשִׂי לָךְ יוֹשֶׁבֶת בַּת־מִצְרָיִם

애굽에 사는 딸이여 너는 너를 위하여 포로의 행리를

준비하라(예레미아 46 : 19)

כֵּלִי(켈레)[의 물건들] 단수로 [물건 용기 패물]을 일컫는다.

furnish(KJV) baggage(RSV) 所用的物件(統一) 何物(にもつ)(聖書)

행리(行李)[짐 보따리 여행할 때의 행장]을 이르는 말이나 중국의 백화문(白話文)인 보통화(普通話)의 회화체에서 [씽리]로 발음하여 아주 흔히 쓰이는 [여행 가방. 짐 보따리]를 말한다.

영어 중국어 일본어가 각기 예사로운 말로 번역한데 비해 우리 성경은 지극히 낯설고 어려운 말을 선택한 것 같다.
行李. 우리의 고서(古書)에 끼어 사장(死藏) 되었던 것이 성경 속에 불쑥 모습을 드러내는 아주 생소한 말이다.

[짐] 또는 [보따리]라 해도 문장 구성에 무리는 없다. 앞뒤 문맥에 맞게
[포로 때에 쓸 짐]으로 바꾸고 싶다.
"애굽에 사는 딸이여 너는 너를 위하여 포로 때에 쓸 짐을 꾸려라."

보발군(步撥君)

רָץ לִקְרַאת־רָץ יָרוּץ וּמַגִּיד לִקְרַאת מַגִּיד לְהַגִּיד לְמֶלֶךְ בָּבֶל

보발군이 달려 만나고 사자가 달려 만나서 바벨론 왕에게 고하기를
(예레미아51 : 31)

רָץ(라츠)[달리는 자] רוּץ(루우츠)[달리다].

post(KJV) runner(RSV) 使者絡釋(文理) 通報的(統一)
飛脚(ひきやく)(聖書)

보발군(步撥軍). 통신이 발달되지 못한 조선시대 관청의 공문을 급히 보내기 위해 걸음을 잘 걷는 사람을 뽑아 그 임무를 수행하게 했다. 이를 보발군이라 한데서 유래한다.

오래 쓰지 않던 말이라 일반적으로 이해하는 사람은 극히 드물 다.
누구나 알 수 있는 [기별군]이 한층 친밀감을 준다.
"기별군이 달려와서.."

훼멸(毁滅)

וְאַבְנֵי אֶלְגָּבִישׁ בְּחֵמָה לְכָלָה

큰 우박덩이로 훼멸하리라(에스겔 13 : 13)

כָּלָה(칼라)[완결. 성취. 파멸. 소묘. 절멸]

consume(KJV) destroy(RSV) 滅(ほろぼ)す-멸하다(聖書)

훼멸(毁滅) ① 몹시 슬퍼함. 상을 당하여 몹시 상심하고 쇠약. 마음이 약해짐. ② 헐고 깨뜨려 없애 버림.

본문에서는 [헐고 깨뜨려 없애 버림]이 마땅한 말이다. 학문에 치우쳐 우리말에 대한 심도 있는 연구보다 되도록 한문용어를 많이 사용하여 성경의 품위를 격상 시키려 했던 흔적을 엿볼 수 있다.아니면 한글지식이 미흡하여 이에 미치지 못함으로 안이하게 한문용어에 치중했으리라는 추측 또한 뿌리칠 수 없다.
훼멸 대신에 [산산히 부수다] 순수 우리말로 바꾸는 것이 원어에 더 가깝게 접근하는 태도일 것이다.
"큰 우박덩이로 산산히 부수리라"

방석(方席)

כְּסָתוֹת עַל כָּל-אַצִּילֵי יָדַי

방석을 모든 팔뚝에 꿰어 매고
(에스겔 13 : 18)

כֶּסֶת(캐쌔)[끈 머리띠 리본} pillows(KJV) bands(RSV)
枕(文理) 縫靠枕(統一)
占(うらな)いひも-점치는 끈(聖書)
방석(方席)[깔고 앉는 자리]

위의 예를 보면 베개로 번역한 것이 KJV 과 文理譯이며 묶는 띠로 RSV 그리고 일본의 聖書는 [마술에 쓰이는 끈]으로 풀이함으로 그 확실한 유래와 의미를 뚜렷이 밝히지 못하고 있는 용어 중 하나이다.
[풀핏 주석]에서는 여선지자의 복장 중 한 품목으로 팔뚝에 잡아매어 두는 넙적한 끈으로 짐작하고 있을 뿐이다. 문맥으로 보아 방석이라 하기에는 도무지 납득이 가지 않는다. 히브리어 원어에 입각해서 팔에 매었다는 것을 유추하면 끈이나 그 비슷한 종류의 것으로 짐작이 가나 성경의 용어들을 짐작으로 해석하는 것은 결코 용납될 수 없는 위험한 일이라 문화적 역사적 배경과 전통관습을 깊이 연구하여 정답을 찾아야 할 과제 중 하나이다.

상고(商賈)

קָטָף וַיְבִיאֵהוּ אֶל־אֶרֶץ כְּנַעַן בְּעִיר רֹכְלִים שָׂמוֹ

장사하는 땅에 이르러 상고의 성읍에 두고(에스겔 17 : 4)

רֹכְלִים(로캐캘라임) **רֹכֵל**(라카르)의 복수 [교역을 목적으로 이 곳 저 곳으로 돌아다니다. 장사 하는 사람, 장사]
traffic (KJV), trade(RSV) 貿易(文理)(統一) 商業(聖書).
상고(商賈) [장수. 장사하는 사람]

떠돌아다니며 거래하는 상인을 개역성경에서는 거의 商賈로 번역했다. 전문지식이 없는 사람으로서는 알기 어려운 생소한 말을 피해 보편적 언어로 [장사꾼]을 써 본다.
"장사하는 땅에 이르러 장사꾼의 성읍에 두고"

핍근(逼近)

סָמַךְ מֶלֶךְ־בָּבֶל אֶל־יְרוּשָׁלִַם בְּעֶצֶם הַיּוֹם הַזֶּה

바벨론 왕이 오늘날 예루살렘에 핍근하였느니라
(에스겔 24 : 2)

סָמַךְ(싸마크)[의지하다. 지지하다. 놓다]

set against(KJV) seige to(RSV) 攻(文理) 就近(통일)
包圍(ほい)(聖書)

逼近 [가까이 닥쳐옴](漢韓事典)

סְמַךְ 동사는 문맥에서 조여든다는 의미를 가진다. 긴박한 위험이 닥쳐 오고 있음을 암시해서 逼近을 쓴 것으로 본다. 이에 적절한 다른 말은 없을까. 문맥에 치우쳐 원어와는 무관하게 뜻을 왜곡 시키는 것은 삼가야 할 일이다.

이 점에 대하여 SEIKO MASAO는 [성경을 둘러싼 언어학상의 제 문제]에서 다음과 같이 말한다.
"번역자는 가능한 한 원문 그 자체를 있는 그대로 존중해야 한다."
이 논리에 부응하여 신중을 기해 골라 낼 수 있는 말로는[다가왔다] [임박했다] [들이 닥친다] [썩 가까이 왔다] 등이 있다. 또 하나 주의해야 할 것은 문맥상의 정황과 언어의 조화를 소홀히 해서는 안 된다. [닥쳐왔다]로 대체 해 본다.
"바벨론왕이 오늘날 예루살렘에 닥쳤느니라."

천연(遷延)

כָּל־קֳבֵל דִּי חֲזֵיתוֹן דִּי אַזְדָּא מִנִּי מִלְּתָא

너희가 나의 명령이 내렸음을 보았음으로 시간을 천연하려 함이로다
(다니엘 2 : 8)

אַזְדָּא(아즈다) [확고한. 확실한. 보증된]
gains the time(KJV RSV) 遲延(統一)
時(とき)を延(のば)す-시간을 끈다(聖書)
천연(遷延)[일을 지체하거나 미룸]

원어의 뜻과 조금 차이가 있는 해석이 되었다. **אַזְדָּא**(아즈다)가 전하는 의미는 어떤 사실에 대하여 학인하고 또 확인하느라 시간을 끄는 것을 말한다. [천연]의 다른 말 [지체하다]가 훨씬 낫겠다. 예사로운 말로는 [끌다]가 무방하다.
"너희가 나의 명령이 내렸음을 보았음으로 시간을 끌려함이로다."

참소(讒訴)

כָּל־קֳבֵל דְּנָה בֵּהּ־זִמְנָא קְרִבוּ גֻּבְרִין כַּשְׂדָּאִין וַאֲכַלוּ קַרְצֵיהוֹן דִּי יְהוּדָיֵא

그 때에 어떤 갈대아 사람들이 나아와 유대사람들을 참소 하니라
(다니엘 3 : 8)

אֲכַל(아칼)[그가 먹었다]라는 동사에서 [삼키다 중상하다]

אֲכַלוּ(아칼루)[그들이 먹었다] 다른 뜻으로 [그들이 삼켰다. 그들이 중상 했다]로 여기서는 [중상]으로 해석이 된다.

accuse-비난하다.고소하다(KJV)(RSV)
控告(文理)(統一) 訴(うつた)えた(聖書)
참소(讒訴)[남을 헐뜯어서 없는 죄를 있는 듯이 꾸며 고해 받치는 일]

이를 쉽게 이해할 수 있는 말로 바꾼다면 [헐뜯었다]로 해도 좋을 것이다.
"그 때에 어떤 갈대아 사람들이 나아와 유다 사람들을 헐뜯어 말하니라."

신원(伸寃)

וְדִינָא יְהִב לְקַדִּישֵׁי עֶלְיוֹנִין

지극히 높으신 자의 성도를 위하여 신원하셨고
(다니엘 7 : 22)

דִּין(띤)[심판. 재판] **וְדִינָא יְהִב**(베띠나 예히브)[심판을 주었다. 심판을 베풀었다.]
judgment(KJV) 伸寃(文理)(統一) 審判(しんぱん)した(聖書)
신원(伸寃)[억울하게 뒤집어 쓴 죄를 씻어줌. 억울함을 풀어줌]

위의 번역들을 참고해 볼 때 역시 억울함을 풀어주는 방법은 공정한

심판이다.
"지극히 높으신 자의 성도를 위하여 공정한 심판을 하셨고.."

궤휼(詭譎)

עַז־פָּנִים וּמֵבִין חִידוֹת

그 얼굴은 엄장하며 궤휼에 능하며
(다니엘 8 : 23)

חידה(키-다)[수수께끼. 난해하고 당혹케하는 말이나 문제. 은밀한 말. 오묘한 말.]
understanding dark sentence(KJV)
understanding riddle(RSV)
詭謀(文理)　詞語(統一)　猛惡(もうあく)(聖書)
궤휼(詭譎)[수수께끼. 난해하고 당혹케 하는 말이나 교묘하게 속임]

앞 부분 **עַז־פָּנִים** (아즈 파님) [얼굴이 강렬한 또는 강한] 과 접속사로 연결하여 **וּמֵבִין חִידוֹת**(우메빈 히도트)[그리고 수수께끼를 잘 푸는] 이 원문이다.
이 문장의 묘를 살리려고 [엄장]과 [궤휼]이라는 난해한 어휘를 택한 것 같다. 어려운 말은 오히려 본뜻을 모호하게 하는 우를 범하기 쉽다.
엄장을 [엄하고]로 궤휼에 능하고를 [언변에 능하며]로 고쳐본다.
"그 얼굴은 엄하며 언변에 능하며.."

해자(垓字)

תָּשׁוּב וְנִבְנְתָה רְחוֹב וְחָרוּץ וּבְצוֹק הָעִתִּים
그 때 곤란한 동안에 성이 중건되어 거리와 해자가 이를 것이며
(다니엘 9 : 25)

חָרוּץ(하루츠)[도랑. 해자. 외호(外濠)]

the street shall be built again, and the wall, even in troublous times.(KJV)
It shall built again squares and moat -성곽주위를 둘러판 못.(RSV)
連街帶濠 (統一譯) 廣場と 街路(聖書)
해자(垓字) 우리말 사전에도 없는 말로서 [능원(陵園)이나 묘의 경계. 성곽 주위를 둘러서 판 못]을 일컫는다. RSV의 moat에 해당한다.

히브리어 원문은 רְחוֹב וְחָרוּץ(루코브 베하루츠)[광장과 해자]로 되어 각 번역이 일치를 이루지 못하고 있다.

רְחוֹב(루코브)에 대하여 [카일 델리취 주석]은

"רְחוֹב 는 본래 거리를 의미하지 않고 넓고 자유로운 지역을 의미한다. 스가랴 10 : 9에서는 성전 앞에 있는 넓은 공간을 의미했다."

חָרוּץ(하루츠)를 번역한 [해자]는 성이 아니라 성 주위를 둘러싸서 판 도랑을 뜻한다. 이를 다시 번역해 보면
"성이 다시 건축되어 광장과 도랑도 이루게 되리라."

개유(開諭)

אָנֹכִי מְפַתֶּיהָ

내가 저를 개유하여
(호세아 2 : 14)

מְפַתֶּיהָ(미파틱하)[내가 그녀를 설득한다.]

allure - 유혹하다(KJV)(RSV) 勸導(統一) いざなく-꾀다.권하다(聖書)
개유(開諭)[알아듣도록 타이름] [알아듣게 잘 타일러]

예사롭게 쓰는 말 [알아듣게 잘 타일러]로 바꾸어 본다.
"내가 저를 알아듣게 잘 타일러서..."

투절(偸窃)

אָלֹה וְכַחֵשׁ וְרָצֹחַ וְגָנֹב וְנָאֹף

오직 저주와 사위와 살인과 투절과 간음뿐이요
(호세아 4 : 2)

גנב(까나브)[도적질 하다. 도적]

stealing (KJV ESV) 偸盜(統一) 盜(ぬす)み(聖書)
투절(偸窃)[偸盜 몰래 훔침]

גנב(까나브)를 널리 쓰고 있는 [절도(竊盜)]로 한다.
"오직 저주와 사위와 살인과 절도와 간음뿐이요"

사위(詐僞)

אָלֹה וְכַחֵשׁ וְרָצֹחַ וְגָנֹב וְנָאֹף

오직 저주와 사위와 살인과 투절과 간음뿐이요(호세아 4 : 2)

כַּחֵשׁ(칵하쉬)[실망시키다.속이다.실패하다.야위다]

lying(KJV)(RSV). 不踐前言(統一) 僞(いつわ)り(聖書)
사위(詐僞)[거짓을 꾸며 속임. 거짓]

널리 쓰는 [허위(虛僞)]로 바꾸어도 **כַּחֵשׁ**(칵하쉬)[속이다 실망시키다]와 차이가 없다.
[투절]과 [사위]를 [절도]와 [허위]로 각각 바꾸어 본다.
"오직 저주와 허위와 살인과 절도와 간음뿐이요."

패괴(悖乖)

הֶעְמִיקוּ־שִׁחֵתוּ כִּימֵי הַגִּבְעָה

저희는 기브아의 시대처럼 심히 패괴한지라
(호세아 9 : 9)

שִׁחֵת(샤카트)[① 구멍 구덩이 함정 ② 황폐하다 멸망하다]

They have deeply corrupted (KJV RSV)- corrupt

陷惡尤深敗(文理) 壞(統一)

深(ふか)くおのれを廣(ひろ)せた(聖書)

패괴(悖乖) 유래를 알기 어려운 말이다. 중국어 統一譯에는 패괴(敗壞)라 했는데 이는 [부서지고 무너짐]을 뜻한다.

שִׁחֵת(샤카트)의 [② 황폐하다 멸망하다] 다른 번역 성경들을 참조해 볼 때 [패괴(悖乖)]라는 난해한 어휘대신에 [썩음] 혹은 [부패(腐敗)]가 마땅할 것이다.
"저희는 기브아의 시대처럼 심히 부패한지라."

산문(産門)

כִּי־עֵת לֹא־יַעֲמֹד בְּמִשְׁבַּר בָּנִים

때가 임하였나니 산문에서 지체할 것이 아니라
(호세아 13 : 13)

מִשְׁבַּר(미슈빠르)[터진 곳. 파열구. 태아가 나오는 자궁의 구멍]

The place of the breaking forth of children(KJV)

The mouth of the womb(RSV)

子宮之間(文理) 産期(統一) 産門(さんもん)(聖書)

산문(産門) [아이 낳는 여자의 음부]

일본어 聖書에도 産門으로 개역성경과 같이하고 있다.
산문이라는 의학적 용어는 일반적으로 잘 알려져 있지 않은 말이므로 문맥에 맞게 [출산]으로 뜻을 살려 본다.
"-때가 임하였나니 출산을 지체할 것이 아니라.."

혹(或)

כִּי־פֹעַל פֹּעֵל בִּימֵיכֶם לֹא תַאֲמִינוּ כִּי יְסֻפָּר

혹이 너희에게 고할지라도 너희가 믿지 아니하리라.
(하박국 1 : 5)

히브리어 원문에는 [혹이]에 해당하는 말이 없다. 혹시(或是)의 준말로도 자주 쓰인다.
본문에서는 막연하게 누군가를 지칭한다.
thou it be told you(KJV) it told(RSV)
雖有人-어떤 사람이 누군가가.(文理譯)(統一)
人が-누가 어떤 사람이.(聖書)

פֹּעַל(파알)동사의 으뜸꼴로서 [그가 만들었다. 그가 행하였다]이므로 이미 누군가 앞에서 3인칭 남성 단수에 해당되는 사람이 언급된 것을 알 수 있다.
[或이]라는 어색한 말보다는 [누군가] [누가]로 하는 것이 예사롭고 자연스럽다.
"누가 너희에게 고할지라도 너희가 믿지 아니하리라."

재계(齋戒)

לֵאמֹר הַאֶבְכֶּה בַּחֹדֶשׁ הַחֲמִשִׁי הִנָּזֵר כַּאֲשֶׁר עָשִׂיתִי זֶה כַּמֶּה שָׁנִים

가로되 우리가 여러 해 동안 에 행한 대로 오월 간에 울며 재계 하리이까 하매
(스가랴 7 : 3)

נָזַר(나자르)[바치다. 헌납하다. 성별하다. 성화하다. 봉헌하다. 신에게 바치다]
Should I weep in the fifth month, separating myself, as I have done these so many years?
-separate 구별하다. 성별하다.(KJV) fast (RSV) -금식함으로 성결에 이르려는 행위.
재계(齋戒) 전통적 종교행습 또는 무속신앙에 기인 한 것으로 [몸과 마음을 깨끗이 하고 음식과 언행을 삼가며 부정을 멀리하는 일]

유대의 전통적 종교의식에서 금식과 더불어 구별된 생활로 성결을 도모하는 것을

נָזִר(나자르)라 한다.

[齋戒]는 유교의식의 제사 때 또는 불교에서 불공을 드릴 때 치성을 위해 쓰는 전통의식의 습관에 베인 용어이므로 어딘지 모르게 성경에는 어울리지 않는 이질감을 준다. 언어는 생활에서 발생하고 문화 속에서 형성 발전되어 관념과 습관 속에 자리 잡게 되는 것이다.

[재계]에 대한 관념이 이스라엘의 전통과 역사에 끼어들 수 없는 이질감을 지니고 있다는 것을 지적하고 싶다.

[제계]에 해당하는 성경적 용어로는 [거룩][구별] 등으로 이미 성경에 소개 되고 있기 때문에 그리 문제 될 것은 없다. [재계]를 [정결]로 바꾸어도 원어의 전달에는 미흡함이 조금도 없다.

위의 성경구절에서 [오월간에] 는 몹시 어색하다.

בַּחֹדֶשׁ הַחֲמִשִׁי (바코데쉬 하하미쉬)의 해석은 in the fifth month.- [오월에(오월 내내)] 이다.

종합해서 수정해 본다.

"우리가 여러 해 동안 해온 대로 오월 한 달간은 울며 정결케 하리이까"

담군(擔君)

וַיְהִי לִשְׁלֹמֹה שִׁבְעִים אֶלֶף נֹשֵׂא סַבָּל׃

솔로몬에게 또 담군이 칠만이요(열왕기상 5 : 15)

נֹשֵׂא סַבָּל(노세 싸발)[짐을 드는 자들]

נָשָׂא(나싸)[들어올리다. 나르다. 짊어지다]

burden bearer(KJV RSV). 負荷(文理)扛抬的 (扛강- 들 강)(統一)

荷(に)を負(お)う者(もの)(聖書)

담군(擔君) [짐을 져 나르는 사람]

백 명이 넘는 신학생 앞에서 擔君을 써놓고 뜻을 물었더니 한 두 사람 빼고는 거의가 제대로 답을 하지 못했다. 성경에 이토록 어려운 말을 꼭 써야할 까닭이 무얼까. 쉽게 [짐꾼]이라면 더 좋았을 것을.

"솔로몬에게 또 짐꾼이 칠만이요."

호행(扈行)

וְכָל־עַם יְהוּדָה וַיַּעֲבִרוּ הֶעֱבִירוּ אֶת־הַמֶּלֶךְ וְגַם חֲצִי עַם יִשְׂרָאֵל

온 유다 백성과 이스라엘 백성의 절반이나 왕을 호행하니라

(사무엘 할 19 : 40)

עָבַר(아바르)[건너다. 진행하다. 통과하다. 지나가다]

וַיַּעֲבִרוּ(와에베루)[그리고 그들이 건넜다.]

all the people of Judah conducted the king,(KJV)—conduct

.送王(文理) 送王過去(統一)-왕을 보냈다.

王を送り(聖書)-왕을 보내다.

호행(扈行)[호위하여 따라다님] 다른 말로는 [護行 호행].

원문에서 호행에 해당되는 구체적인 말은 없다. 길갈을 gidgorisms 왕을 따라 온 백성의 절반이 함께 갔다는 내용에서 왕을 대접하여 호행이란 말을 써서 뉴앙스를 살린 것 같다.

원문대로라면 [왕을 따라 가니라]도 무방할 것이다.

"온 유다 백성과 이스라엘 백성의 절반이나 왕을 따랐느니라"

효용(驍勇)

רַב־פְּעָלִים

저는 효용한 일을 행한 자니라

(사무엘 하 23 : 20)

רַב(라브)[큰. 거대한. 우두머리. 장관] 본문에서는 [큰. 거대한]

valiant man(KJV)(RSV) 勇毅非常(文理譯)

行過大能的事-대단한 일을 해냈다.(統一譯)

多くのてがちを立てた(聖書)

효용(驍勇) [사납고 날쌤]

원문의 רַב(라브)가 가진 뜻을 살려 KJV 나 文理譯과 統一譯 그리고 聖書를 참고해 [큰일을 해낸 사람]이 적절하겠고 의역적 의미로서는 [비범]에 가깝다.
"저는 큰일을 해낸 사람이니라."
"저는 비범한 사람이라"

사특(邪慝)

בְּפֶה חָנֵף יַשְׁחִת רֵעֵהוּ

사특한 자는 그 입으로 이웃을 망하게 하여도
(잠언 11 : 9)

בְּפֶה חָנֵף(비페 카네프)[경건치 못한 입으로]

חָנֵף (카네프)[신성모독. 불경스러움. 속됨]

hypocrites(KJV) godless(RSV) 僞善(文理) 不敬虔的人(統一)
不信人(ふしんじん)(聖書)
사특(邪慝)[못되고 악함]

חָנֵף(카네프)는 하나님께 대한 불경스러움을 말하고 있다. hypocrites나 godlesss는 위선과 불경함은 文理역과 統一역의 [위선]과 [불경건한 자]로 뜻을 같이하고 일본의 聖書역시 [불신자]로 경건치 못함을 적시하고 있다. 이에 비추어 [邪慝]은 원어에 부합치 않는 난해한 점이 지적된다. 차라리 쉽게 [경건치 못한 자]로 하여 원어에 맞게 번역하는 것이 마땅하겠다.
"경건치 못한 자는 그 입으로 그 이웃을 망하게 하여도"

원욕(願慾)

וְתָפֵר הָאֲבִיּוֹנָה(웨타페르 하에비요나)

원욕이 그치리니(전도서 12 : 5)

אֲבִיּוֹנָה(에비요나)[식욕과 성욕을 자극하고 촉진 시키는 백화채 열매]

desire shall fail:(KJV) — desier.

人所願的也都廢掉[사람이 바라는바 소원 또한 없어진다] (統一)
その慾望(よくぼう)は衰(おとろ)え-그의 욕망은 스러진다.(日本聖書公會)
원욕(願慾) [소원과 욕망]

אֲבִיּוֹנָה를 [욕망] 또는 [바라는 바]로 잘못 전달하고 있다.

אֲבִיּוֹנָה를 70인 역에서나 베니스 역에서 다 같이 [욕망. 궁핍. 필요성] 등의 뜻으로 전하고 있다. 그러나 본래 이 אֲבִיּוֹנָה(에비요나)는 백화채 나무의 열매이름이다.
이에 대하여 풀핏 주석은 다음과 같이 풀이한다.

"그것은 동양 어디서나 볼 수 있는 것인데 주로 식욕을 증진시키는 것으로 흥분제와 원기회복제로 사용되었다."

칼 델리취의 주석은 이렇게 말한다.

"식욕을 갖게 한다는 의미로 볼 때 완전하다. 왜냐하면 그 어근 אָבָה(아바)는 [바라다]를
뜻하지만 אֶבְיוֹן(에비욘)은 가난한자를 나타내기 때문에 생존을 위하여 필요한 것을 원하는 사람을 나타낸다. 따라서 백화채나무 אֲבִיּוֹנָה(에비요나)는 식욕을 증진시키는 것으로 언급된다."

영어에서 need가 전치사 in과 결합하여 in need가 될 때 가난이 되는 것처럼 אֶבְיוֹן(에비욘)이 단어 끝에 ה를 붙여 אֲבִיּוֹנָה(에비요나)가 됨으로 백화채나무의 열매가 되는 것을 원래의 뜻 [가난한. 곤고한]에 부연하여 [욕망]으로 바뀐 것 같다. 이것을 우리말로는 [원욕]이라 하나 본 뜻은 열매이름의 그 기능을 살려 [정력제]나 [보약]이 마땅하겠다.
"ㅡ 보약이 다 소용없게 되리니..."

마광(磨光)

חֶ֫רֶב חֶ֫רֶב הוּחַ֫דָּה וְגַם־מְרוּטָה

칼이여 칼이여 날카롭고도 마광 되었도다
(에스겔 21 : 9)

מְרוּטָה (마루타)[갈았다.(여성어)]의 으뜸꼴.

מרט(마라트)[매끄럽게 하다 벌거벗기다. 드러내다. 칼을 갈다]

sword is sharpened(KJV)(RSV)

חֶרֶב הוּחַדָּה(케레브 후카다)[칼이 날카롭게 되었다]

光芒四射(文理). 磨(統一) みがいたつるぎ-갈아진 칼.(聖書)
마광(磨光) [옥이나 돌 따위를 갈아서 윤기를 냄. 윤기]

마광되었다는 것은 갈아서 번쩍이는 것을 말한다.
본문에서 [날카롭고도 마광되었도다]는 앞부분 [칼이여 칼이여]에 이어 좀 어색한 수식이 된다. 칼을 갈았을 때의 상태를 직설적으로 표현하여 [번쩍이도다]로 해본다.
"칼이여 칼이여 날카롭게도 번쩍이도다."

건과(愆過)

פִּשְׁעֵיכֶם לְהֵרָאוֹת

너희의 건과가 드러나며
(에스겔 21 : 24)

פֶּשַׁע(페샤아)[위반 범죄 허물]

transgression(KJV RSV) 罪孽(統一) 反逆(はんやく)(聖書)
건과(愆過)[허물 愆尤(건우)]

시편 36 : 1에서의 [罪孽]이 여기서는 [愆過]로 표기를 달리하고 있다.
이에 [愆過]를 [범죄]나 [허물]로 바꾸어 본다.
"너희의 범죄(허물)가 드러나며"

신칙(申飭)

וַיֹּאמֶר יְהוָה אֶל־מֹשֶׁה רֵד הָעֵד בָּעָם

여호와께서 모세에게 이르시되 내려가서 백성을 신칙하라

(출애굽기 19 : 21)

עוד(우드)[①뒤로 돌리다 반복하다 ② 증언하다 권고하다.]

רֵד הָעֵד בָּעָם(레드 하우드 빠암)[내려가 백성을 권고하라.]

charge the people(KJV) warn the peopele(RSV) 囑咐(統一)
戒(いまし)め(聖書)
신칙(申飭) [단단히 일러서 경계함]

국어를 전공하여 우리말에 능통한 사람이 아니고서는 짐작으로도 어림잡지 못하는 어려운 말이다. 비슷한 단어로 [말로서 어찌하라고 단단히 일러두다]의 [당부(當付)]가 있다.
[단단히 다짐하라] 혹은 [단단히 타일러라] 쉬운 우리말로 바꾸는 게 좋겠다.
"여호와께서 모세에게 이르시되 내려가서 백성에게 단단히 타일러라"

공변

וְאֵרַשְׂתִּיךְ לִי לְעוֹלָם וְאֵרַשְׂתִּיךְ לִי בְּצֶדֶק וּבְמִשְׁפָּט וּבְחֶסֶד וּבְרַחֲמִים

내가 네게 장가들어 영원히 살되 의와 공변됨과 은총과 긍휼히 여김으로 네게 장가들며(호세아 2 : 19)

מִשְׁפָּט(미슈파트) [심판 정의 공의 공정 공변]

in judgement(KJV) in justice (RSV) 公平(統一)(聖書)

공변 [일처리나 언동이 어느 쪽으로 치우치지 않고 공평함. 公公하다.]
[공변]은 드물게 한문이 병기되지 않은 우리말이다. 잘 쓰지 않는 말이어서 알듯 말 듯 생소한 어휘 중 하나이다.
수식으로 나열된 [의(義)] [은총(恩寵)] [긍휼(矜恤)]과 어울리게 [공평(公

平)]이 성경이해에 도움이 되겠다.
"내가 네게 장가들어 영원히 살되 의와 공평과 은총과 긍휼히 여김으로 네게 장가들며"

품부(稟賦)

חָכָם יוֹדֵעַ שֵׂכֶל

명철과 총명을 품부하시사
(역대하 2 : 12)

ידע(야다-) [① 알려지다 ②알게 하다 ③ 보여주다. ④ 알다. 발견하다. 친숙해지다]
endued with prudence and understanding -이해와 분별력이 부여됐다.(KJV)
賦(文理) 賜給(統一) 授ける(聖書)
품부(稟賦)[선천적으로 타고남]

ידע(야다-)와 부합되는 의미로는 [알게 하다]가 적절하겠다.
"명철과 총명을 알게 하사"

야료(惹鬧)

וַיְהִי מִמָּחֳרָת וַתִּצְלַח רוּחַ אֱלֹהִים רָעָה אֶל־שָׁאוּל וַיִּתְנַבֵּא בְתוֹךְ־הַבַּיִת

그 이튿날 하나님의 부리신 악신이 사울에게 힘 있게 내리매 그가 집 가운데서 야료하는 고로 (사무엘 상 18 : 10)

נִבֵּא(나바-)[예언하다]

prophesied (KJV) rave -미친 사람처럼 소리치다.(RSV)
爲神所憑而言(文理) 胡言亂語(統一) 狂いわめいた(聖書)
야료(惹鬧)[생트집을 잡고 함부로 떠드는 것]

נִבֵּא(나바-)를 [야료]로 번역한 것은 지나친 과장이다. 성경적인 상황에서 [야료]는 거짓으로 떠들며 예언하는 것을 말한다.
[떠들썩하게 거짓예언하다]로 바꾸어 본다.

"-그가 집 가운데서 떠들썩하게 예언하는 고로"

괘념(掛念)

וְעַתָּה אַל־יָשֵׂם

괘념하지 마옵소서
(사무엘 하 13 : 33)

אַל־יָשֵׂם(엘 야심)[두지 말라. 마음에 두지 말라]
take to heart(KJV) take the things to his heart(RSV)
不要把這事放在心(統一) 心に止められる(聖書)
괘념(掛念)[마음에 걸려 잊지 않음]
אַל־יָשֵׂם(엘 야심)의 שׂם(심) [놓다 두다]의 원어의 뜻을 살려
אַל־יָשֵׂם(엘 야심)[마음 쓰지 말라. 마음에 두지 말라]로 번역해 본다.
"마음 쓰지 마소서"

군박(窘迫)

וַיָּצַר לוֹ וְלֹא חֲזָקוֹ
돕지 아니하고 오히려 군박하였더라

(역대하 28 : 20)

צוּר(추르)[적대하다 괴롭히다]

וַיָּצַר לוֹ (베야차르 로) [그를 박해했다. 그를 억눌렀다. 그를 억압했다.]

distress(KJV) afflict(RSV)
沒有幇助他反倒欺凌他 -그를 도와주지 않고 도리어 그를 능멸했다.(統一)
彼(かれ)を悩(なや)ました.-그를 괴롭혔다. 못살게 굴었다](聖書)
군박(窘迫)[① 몹시 가난하여 옹색함 窘急 a poor life ② 어려운 고비에 막혀 일의 형세가 급함 ③ 적에게 공격을 당하여 괴로움을 받음 destitution.]

[못 살게 굴었다]로 대치해 본다.
“돕지 아니하고 오히려 못살게 굴었더라”

첨(諂)

וְחִלּוּ פָנֶיךָ רַבִּים

많은 사람이 네게 첨을 드리리라
(욥기 11 : 19)

חלה (칼라) [달래다. 진정시키다. 은총을 탄원하다. 누그러지게 하다.
호의를 구하다]
make suit(KJV) entreat favor(RSV) 向你求恩(統一)
好意(こい)を求(もと)める.(聖書)
첨(諂)[아첨하다]

וחִלּוּ פָנֶיךָ רַבִּים(베힐루 파네이카 라빔)

וְחִלּוּ (베힐루)[그들이 구한다] **רַבִּים**(라빔)[많은 사람들이]

פנֶיךָ(파네이카)[너의 면전에서][많은 사람들이 너의 면전에서 너의 호의를 바란다.]로 해석된다.

[첨(諂)을 드린다]의 어감은 [아첨한다]를 다분히 풍긴다. **חלה**(칼라)의 원어적 의미는 은총을 탄원하며 호의를 구하는 태도를 말하고 있다. 따라서 본문에서도 첨을 [호의를 베풀기를 바란다]로 좀더 확실하게 뜻을 밝히는 것이 좋겠다.
“많은 사람들이 네게 너의 호의 베풀기를 바라리라”

비사(譬詞)

וַיֹּסֶף אִיּוֹב שְׂאֵת מְשָׁלוֹ וַיֹּאמַר

욥이 또 비사를 들어 가로되

(욥기 27 : 1)

משל(마샬)[격언. 비유. 속담. 노래]

parable (KJV) discourse (RSV) 詞(文理) 接著說(統一) 言葉(ことば)(聖書) 비사(譬詞)[비유의 말] 우리말 사전에도 없는 좀체 쓰지 않는 말이다.

וַיֹּאמַר מְשָׁלוֹ שְׂאֵת(사에트 메솰로 와요메르) [그가 비유를 들어 말하기를]
이 상황에서는 [비유]가 알맞은 번역이 되겠다.
"욥이 또 비유를 들어 말하기를"

함해(陷害)

מִמְּלֹךְ אָדָם חָנֵף מִמֹּקְשֵׁי עָם

이는 사특한 자로 권세를 잡아 백성을 함해하지 못하게 하려 하심이라
(욥기 34 : 30)

מֹקֵשׁ (모캐쉬)[덫 속에 있는 미끼. 유혹 물. 덫. 올가미]
lest people be ensnared - ensnare -올가미에 걸다. 빠뜨리다.(KJV)(RSV)
宇籠(統一) わな-올가미 끈.(聖書)
함해(陷害) [재해에 빠지게 함. 남을 모함해서 해를 끼침]

KJV RSV 와 統一역 聖書역을 종합해 볼 때 함해를 [올무에 빠뜨리다]로 하는 게 가장 적절한 원어 접근이겠다.
"이는 사특한 자로 권세를 잡아 백성을 올무에 빠뜨리지 못하게 하려하심이라"

공구(恐懼)

יְשַׁלַּח יְהוָה בְּךָ אֶת־הַמְּאֵרָה אֶת־הַמְּהוּמָה וְאֶת־הַמִּגְעֶרֶת

여호와께서 저주와 공구와 견책을 내리사(신명기 28 : 20)

מְהוּמָה(메후마)[혼란]

The Lord shall send upon thee cursing vexation and rebuke
-vexation 애탐. 화냄. 괴로움. 속상함. 원통함 (KJV)
The Lord will send upon you curses, confusion and frustration
-confusion 혼란. 당황 (RSV)
擾亂(統一) 混亂(こんらん)(聖書)
공구(恐懼)[몹시 두려움]

יְשַׁלַּח יְהוָה בְּךָ(샬라크 야웨 베카)
[야웨께서 너에게 내리실 것이다.]
אֶת־הַמְּאֵרָה אֶת־הַמְּהוּמָה וְאֶת־הַמִּגְעֶרֶת(에트하메에라 베에트하메후마 베에트하미그에레트)[저주와 혼란과 좌절감을]
[그 공구를]로 번역된 אֶת־הַמְּהוּמָה [에트하메후마]는 [그 혼란을]이 원어에 가깝다. 이는 vexation을 제외한 confusion(RSV)과 擾亂(통일) 일본의 聖書 [混亂]이 함께 뒤받침하고 있다. [그 혼란]이 어떤 상태의 혼란이냐 하는 것은 뉴앙스의 전달을 도모하는 묘의 문제이다.

작벌(斫伐)

וַיִּסְפֹּר שְׁלֹמֹה שִׁבְעִים אֶלֶף אִישׁ סַבָּל וּשְׁמוֹנִים אֶלֶף אִישׁ חֹצֵב בָּהָר
이에 솔로몬이 담군 칠 만과 산에 올라 작벌할 자 팔만과(역대하 2; 2)

חֹצֵב(호체브)[돌을 떠내는 사람]

חָצַב(하차브)[그가 자른다 그가 떠낸다. 그가 판다]
to hew in the mountain -hew 자르다 찍어내다(KJV)
to quarry in the mountain -quarry 채석장.(RSV)
在山上鑿石頭的 -산에서 돌을 캐는 사람- 鑿石(文理)
山で石を切り出す者 - 산에서 돌을 자르는 사람.(聖書)
작벌(斫伐)[나무를 찍어 냄] 채석장에서 떠내다.

חֹצֵב(호체브)에 근접한 번역으로 RSV와 文理 聖書가 일치하고 있다. 작벌은 원문과의 의미상 괴리가 있다는 것을 알 수 있다. 대부분 돌산으로 되어 있는 이

스라엘에서 팔만명이 산에 올라 나무 벨 산림이 있었을까. 힘들고 어렵게 떠내는 석공들의 수요가 더 적실했을 것이다. 물론 짐작으로 원문을 해석할 수는 없다. 다만 원어에 더욱 가깝게 해석하는 데에 RSV와 文理역 그리고 聖書가 도움이 되고 참고가 된다.

[작벌할 자]를 [석공] 또는 [돌 뜨는 자]로 바꾸고 이미 언급한 [담군]도 [짐꾼]으로 고쳐본다.

"이에 솔로몬이 짐꾼 칠만과 산에 올라 돌 뜨는 자 팔만과"

누설(縲絏)

וְאִם־אֲסוּרִים בַּזִּקִּים יִלָּכְדוּן בְּחַבְלֵי־עֹנִי

혹시 그들이 누설에 매이거나 환난의 줄에 얽혔으면

(욥기 36 : 8)

בַּזִּקִּים(바지킴)[그 족쇄들에]

זִק(제크)[족쇄] **זִיקָה**(지카아[불타는 화살] 섬광에서 유래한 말].

בַּזִּקִּים יִלָּכְדוּן(바지킴 일라캐둔)앞에 **אם**(임)[만약]과 결합해서[그들이 족쇄들에 걸린다면]

if they be bound in fetters- fetter 족쇄. 속박(KJV)(RSV) 鎖鍊梱(文理) 飽足(統一)

足(あし)か-발을 묶는 족쇄.(聖書)

누설(縲絏)[포승 죄인을 묶는 노끈. 감옥 또는 감옥에 갇히는 일을 비유]

누설보다는 원어대로 족쇄와 같은 뜻 [차꼬]로 고쳐본다.

"혹시 그들이 차꼬에 매이거나 환난의 줄에 매였으면"

준승(準繩)

מִי־שָׂם מְמַדֶּיהָ כִּי תֵדָע אוֹ מִי־נָטָה עָלֶיהָ קָּו

누가 그 도량을 정하였는지 누가 그 준승을 그 위에 띄웠는지 네가 아느냐

(욥38 : 5)

קָו(카우)[측량줄] stretched line (KJV) (RSV) 準繩 (文理)(統一)
測(かり)なわ- 측량줄(聖書)
준승(準繩) [평면의 경사를 재는 먹줄. 직선을 그리는 먹줄]

[측량줄] 혹은 [먹줄]은 누구나 아는 쉬운 말이다.

도량(度量)

מִי־שָׂם מְמַדֶּיהָ כִּי תֵדָע (미샴 미마디하 키 테다)[누가 그 도량을 놓았는지 아느냐.]

מֵמַד(메마드)[측량치수] **מְמַדֶּיהָ**(메마디하)[그것의 척도들]
measure(KJV) measurement(RSV) 量度(文理) 定地的尺度(統一) 度量(とりょう)(聖書)
도량(度量) [① 길이와 양을 재는 것 ②너그러운 마음과 깊은 생각(아량) ③ 일을 잘 알아서 경영할줄 아는 품성.]
본문에서는 ① 길이와 양을 재는 것에 해당 된다.

간칭(桿稱)

פֶּלֶס וּמֹאזְנֵי מִשְׁפָּט לַיהוָה מַעֲשֵׂהוּ כָּל־אַבְנֵי־כִיס
공정한 간칭과 명칭은 여호와의 것이요(잠언 16 : 11)

פֶּלֶס (펠레쓰)[저울. 저울추]
weight(KJV) balance(RSV) 量法度(文理) 天枰(통일) はかり-저울.(聖書)
간칭(桿稱) [무게를 다는 저울. 추저울]

명칭(皿秤)[저울의 일종. 사발저울]
מֹאזֵן(모오잰) [천칭저울. 공평]
balance (KJV) scale (RSV) 秤(統一) 天(てん)びん(聖書)

간칭 명칭 즉 추저울이나 사발저울을 포함해서 [모든 저울]로 번역해본다.

"모든 공정한 저울은 여호와의 것이요"

어거(馭車)

נֹגֵשׂ לֹא יִשְׁמָע

어거하는 자의 소리가 그것에게 들리지 아니하며
(욥기 39 : 7)

נֹגֵשׂ(노개스)[모는 자] **נָגַשׂ**(나가스)[①강요하다 억지로 시키다.
②빚을 독촉하다 요구하다
③통치하다 다스리다.]

crying of the driver(KJV) shouts of the driver (RSV)
畏驅者(文理) 不聽趕聲ㄇ的喝聲(統一)
御者(ぎよしや)の呼聲(よびこえ)-御者 모는 사람(聖書)
어거(馭車)[말이나 소를 몰다]

[어거하는 자]를 [모는 자]로 하고 [소리]를 [지르는 소리]로 고쳐 본다.
"모는 자의 지르는 소리가 그것에게 들리지 아니하며"

소소(蕭蕭)

בְּדֵי שֹׁפָר יֹאמַר הֶאָח

나팔소리 나는 대로 소소히 울며
(욥기 (39 : 25)

יֹאמַר הֶאָח(요아마르 헤악흐)[아하라고 그것이 말한다]

בְּדֵי שֹׁפָר(베데이 소파르)[나팔소리 대로]

בְּדֵי שֹׁפָר יֹאמַר הֶאָח [나팔소리대로 아하라고 말한다.] 원문에 소소에 해당하는 단어는 없다. 음역으로 아래와 같이 각기 해석하고 있다.

He saith among the trumpets, Ha ha -ha ha(KJV) He says, Aha!- aha (RSV)
號呼(文理) 他說叫哈(그가 허 소리친다)(統一)

アハアハと言い-아하 아하라고 말한다.(聖書)
소소(瀟瀟)[(바람이나 빗소리가)쓸쓸하다.] - 소소한 바람소리.

대체적으로 슬픔에 젖어 탄식하는 소리로 아하 라고 번역하고 있다. 이에 우리의 감정에 맞게 [소소히 울며]를 상황에 맞추어 [흐느껴 울며]로 뜻을 살려본다.
" 나팔소리 나는 대로 흐느껴 울며"

경겁(驚怯)

מִשֵּׂתוֹ יָגוּרוּ אֵלִים מִשְּׁבָרִים יִתְחַטָּאוּ

그것이 일어나면 용사라도 두려워하며 경겁하여 창황하며
(욥기 41 : 25)(41 : 17)

מִשְּׁבָרִים(미쉐바림)[공포들로 부터(복수)]

שָׁבַר(샤바르)[깨뜨리다. 파괴하다. 충돌하다]
마구 깨뜨리고 부숴대는 분위기에 기인한 두려움 공포감. 사실상 경겁이나 창황을 옮길 원문을 찾기는 어렵다. 영문성경이나 중국어 성경 그리고 일본의 성서 역시 경겁이나 창황에 맞는 번역을 하지 않았다.
The mighty are afraid by reason of breakings -afraid(KJV)
The mighty are afraid - afraid (RSV)
手足失措-수족이 떨린다. (措-정돈할 조)(文理).
都驚恐心裏慌亂-모두 놀라서 마음이 당황한다.(統一)
勇士も恐(おそ)れ-용사도 두려워 한다.(聖書)
경겁(驚怯)[놀라서 겁을 냄].

[두려워 떨며]가 쉽게 이해되는 해석이 되겠다.

창황(蒼黃)

יִתְחַטָּאוּ(이트하테우)[그들이 기가 꺾인다.]

חַטָּא(하타-) 1)[① 표적이 빗나가다 걸려 넘어지게 하다 ② 죄를 짓다.③ 형벌

을 면할 수 없게 하다. 2)(히파엘)①방황하다. ② 스스로 속죄하다.]

본문에서는 놀라서 어찌할 바를 몰라 방황하는 상태의 표현이 적합하겠다.
다른 번역서들을 대조해 본다.
they purify themselves.-purify (KJV) 자신들을 정결케 했다. 회개 했다.
they are beside themselves- beside themselves(RSV) 정신이 나갔다.
心裏慌亂 - 마음이 갈피를 잡지 못하다(統一)
あわて惑(まと)う- 갈팡질팡한다.(聖書)
창황(蒼黃) [어찌할 겨를이 없음]

King James Version 이 히브리어 원문의 히파엘 [② 스스로 속죄하다]를 택했으나 원문의 문맥으로 보아 히파엘 [①방황하다]에 근거를 두어 [갈팡질팡]으로 바꾸어 본다.
위의 경겁(驚怯)과 창황(蒼黃)을 아울러 재 번역해 본다.
"그것이 일어나면 용사라도 두려워하며 너무 놀라서 갈팡질팡하고"

와륵(瓦륵)(륵-石樂)

תַּחְתָּיו חַדּוּדֵי חָרֶשׂ יִרְפַּד

그 배 아래는 날카로운 와륵 같으니

(욥기 41 : 30)

חָרֶשׂ (카레스)[옹기 조각]
sharp stones) -날카로운 돌(KJV)
sharp potsherds -날카로운 질그릇 깨진 조각(RSV)
瓦片(文理)　尖瓦片(統一) 鋭(するど)いかわらのかけら-예리한 기와 조각.
와륵(瓦륵)-륵(石+樂) [깨어진 기와 조각]

순수 우리말로는 [세금파리]가 있다. [옹기 조각]도 무난하다.
"그 배 아래는 날카로운 세금파리 같으니"

고범죄(故犯罪)

גַּם מִזֵּדִים חֲשֹׂךְ עַבְדֶּךָ אַל־יִמְשְׁלוּ־בִי

또 주의 종으로 고범죄를 짓지 말게 하사

(시편 19 : 13)

מִזֵּדִים חֲשֹׂךְ עַבְדֶּךָ(미즈딤 하소크 아브데카)[건방진 것들에서 당신의 종을 안전케 하소서]

זֵד (재드)[거만한 무례한 주제넘은 뻔뻔한 건방진] **זֵדִים**(제딤)**זֵד** 의 남성복수.

חֲשֹׂךְ(하소크) 억제하다. 삼가다. 안전하게 지키다. 주 앞에 건방지게 구는 자체가 범죄라는 뜻을 담고 있다.

presumptuous sins - (KJV)(RSV) -주제넘은 건방진 任意妄爲的罪(統一)

故意の罪 (聖書)

고범죄(故犯罪) [일부러 범한 죄]

원어의 **זֵד** 가 전하는 의미와 고범죄와는 간격이 있다는 것을 알게 된다 **זֵד**(재드)는 무례하고 건방짐으로 스스로 죄를 짓게 되는 구체적 상태를 적시하지만 고범죄는 그 범위가 무제한 적이라는 데 주목해야 된다. 뜻을 살려 적극적 의역으로 부연하는 것이 좋겠다.

"종이 주의 앞에 무례히 행함으로 죄 범하지 않게 하소서"

화곡(禾穀)

יְהִי פִסַּת־בַּר בָּאָרֶץ בְּרֹאשׁ הָרִים

산꼭대기의 땅에도 화곡이 풍성하고

(시편 72 : 16)

בַּר(빠르)[곡식 옥수수]

יְהִי פִסַּת־בַּר(여히 피사트 빠르)[곡식이 많게 될 것이다]

an handle of corn - corn (KJV) abundance of grain - grain (RSV)

五穀(文理)(統一). 穀物(こくもつ)(聖書)

화곡(禾穀)[벼. 벼 종류의 곡식의 총칭]

בְּאֶרֶץ בְּרֹאשׁ הָרִים(삐아레츠 빠로쉬 하림)[산꼭대기 땅] 중동 특히 이스라엘의 지대는 대체적으로 벼농사에는 적합지 않다. 옥수수를 비롯한 밀 보리가 주 작물이라는 것을 감안할 때 בַּר(빠르)를 벼를 주로 지칭하는 禾穀으로 번역한 것은 무리인 것 같다. 그냥 [穀食(곡식)]이나 [五穀(오곡)]으로 하여 쉽고 무게 있게 원어의 의미를 전달하는 것이 좋겠다.

우준(愚蠢)

אִישׁ־בַּעַר לֹא יֵדָע

우준한 자는 알지 못하며
(시편 92 : 6)

בַּעַר(빠아르)[무디다. 미련하다. 잔인하다. 야만적이다.]

brutish -잔인한(KJV) dull -어리석은(RSV)
愚蠢之人(文理) 畜類人(統一) 鈍(にぶ)い- 미련한 둔한(聖書)
우준(愚蠢)[어리석고 재바르지 못함]

אִישׁ־בַּעַר (이슈 빠아르)[미련한 사람. 잔인한 사람] 중 어느 것이 더 적절할까.

לֹא יֵדָע (로 야다-)[알지 못하다. 모르다]로 연결되는 문맥으로서는
[미련한 사람]이 일치감을 준다.
"미련한 자는 알지 못하며"

우택(雨澤)

יִשְׂבְּעוּ עֲצֵי יְהוָה

여호와의 나무가 우택에 흡족함이여
(시편 104 : 16)

원문에는 우택에 해당하는 말이 없다.

יִשְׂבְּעוּ(이스빠우)[그들이 만족하리라]

עֲצֵי יְהוָה(아체이 야웨)[야웨의 나무] [야웨의 나무들이 흡족하리라]

שָׂבַע(사빠 사뻬이)[만족하다 충족하다. 지치게 하다]

원어에 숙달하지 않고는 마땅하게 번역하기가 쉽지 않은 예의 하나이다. 우택을 삽입한 까닭은 나무나 곡식들이 풍성하려면 비가 많아야 한다는 당위성에 연유하여 우택을 수식적으로 첨가한 것으로 짐작된다.

full of sap -수액(KJV) watered abundantly -충분헌 수분(RSV)

無不資以灌漑 -물을 잘 대준다(文理) 滿了汁漿 - 수액이 넉넉하다(統一)

豊(ゆたか)に潤(うるお)され - 넉넉하고 윤택하게(聖書)

우택(雨澤)[비의 은택. 패택(沛澤)] 沛澤-① 우택 ② 숲이 우거져 들짐승이 사는 곳. ③죄인을 풀어주거나 감형시키는 대사(大赦).

יִשְׂבְּעוּ עֲצֵי(이스빠우 에체이[나무들이 흡족해 하리라]는 원문의 뜻을 살릴 마땅한 번역으로는 의역적 수식이 불가피하다. [우택]이라는 생소한 말 대신 [은혜의 비]를 줄여서 [은우(恩雨)]로 하면 어떨까.

"여호와의 나무가 은우에 흡족함이여"

근실(勤實)

אַתָּה צִוִּיתָה פִקֻּדֶיךָ לִשְׁמֹר מְאֹד

주께서 주의 법도를 명하사 우리로 근실히 지키게 하셨나이다.

(시편 119 : 4)

לִשְׁמֹר מְאֹד (라쉬모르 메오드)[지키기를 매우 했다]로 직역이 된다.

מְאֹד (메오드)[매우]

to keep thy precepts diligently -diligently (KJV)

to be kept diligently -diligently (RSV)

甚黽勉 黽勉-민면-힘씀. 힘써 연구함.(文理) 殷勤-은근-태도가 겸손하고 정중함.(統一)

ねんごろに-정중하게(聖書)

근실(勤實) [부지런하고 착실함

לִשְׁמֹר מְאֹד (라쉬모르 메오드) [매우 잘 지키도록] [매우 잘 지키게]로 해석하고 [매우 성실하게 지키도록]으로 번역해본다. 다른 말로는 [알뜰히].
"우리로 매우 성실하게 지키도록 하였나이다."

현달(顯達)

וּכְסִילִים מֵרִים קָלוֹן

미련한 자의 현달함은 욕이 되느니라

(잠언 3 : 35)

רִים(룸)[① 자신을 들어 올리다. 일어나다. ② 높여지다 ③ 높다]..

וּכְסִילִים מֵרִים קָלוֹן (우캐실림 메림 칼론)[그리고 어리석은 자들은 치욕을 높인다.]

shame shall be the promotions of fools -바보짓을 고양한다.(KJV)
fools gets disgrace 치욕을 당한다.(RSV)
愚者必辱-어리석은 자는 필히 치욕을 당한다.(文理)
高陞也成爲羞辱-치욕이 된다.(統一)
愚(おろ)かな者(もの)ははずかしめを得(え)る-어리석은 자는 수치를 당한다.(聖書)
현달(顯達)[벼슬이나 덕망이 높아 이름을 세상에 날림. 입신출세함]

원문이나 다른 번역 성경에는 [현달함]이란 말을 지적할 수 없다. 한문 투의 지식적 표현이 문장의 무게를 싣는 데는 무난하나 성경이해를 돕는 데는 오히려 걸림돌이 되는 것 같다. 자기를 높인다는 것은 교만을 뜻한다. 원문에 접근하여 [자기를 높이는 어리석은 자의 교만]으로 해석해 본다.
"자기를 높이는 어리석은 자의 교만은 치욕이 되느니라"

급거(急遽)

אַל-תִּבָּהֵל מִפָּנָיו תֵּלֵךְ

왕 앞에서 물러가기를 급거히 말며
(전도서 8 : 3)

אַל-תִּבָּהֵל(알 티빠헬)[너는 두려워 말라]

מִפָּנָיו תֵּלֵךְ(미프네이 텔레크)[그의 면전에서 간다.]- 그의 앞을 떠나버린다.

not hasty to go out of his sight.(KJV) go form his presence (RSV)
不要躁離開王的面前-급히 왕의 면전에서 조급히 떠나지 말라(統一)
王(おう)の前(まえ)を去(さ)れ ためらうな.-왕 앞에서 떠나기를 주저 말라.(聖書)
급거(急遽) [갑자기 썩 급하게 서둘러]

אַל-תִּבָּהֵל מִפָּנָיו תֵּלֵךְ(알 티빠헬 미프네이 렐레크)
[너는 왕 앞에서 떠나기를 두려워 말라]
[급거히] 보다는 [서둘러]가 낫겠다. [서둘러 떠나기를 두려워 말라] 다른 말로는 [서둘러 떠나라]는 뜻이다. 사실상 [급거히]에 해당하는 말이 원문에는 없다. 원문에 맞게
"너는 왕 앞에서 물러가기를 주저 말라"

신청(信聽)

וּדְבָרָיו אֵינָם נִשְׁמָעִים
그 말이 신청되지 아니 한다 하였노라
(전도서 9 : 16)

אֵינָם נִשְׁמָעִים(에이남 니쉬마임)[그들에게 들리지 않는다 해도]

שׁמע (샤마)[① 듣다 ② 들은 것을 이해하다 ③ 순종하다]

his words are not heard.(KJV) his words are not heeded.(RSV)
不從其言(文理) 他的話也無人聽從 -또 그의 말을 듣는 사람이 없다.(統一)
その言葉(ことば)は聽(き)かれなかった -그 말을 들어주지 않았다.(聖書)
신청(信聽)[곧이 들음]

וּדְבָרָיו אֵינָם נִשְׁמָעִים(우 데바라이우 에이남 니쉬마임)
[또 그들의 말이 들려지지 아니한다 하여도]
수동형의 문장을 우리 어감에 자연스럽게 맞도록 능동형으로 바꾸어
[그들의 말을 들어주지(받아주지) 않는다 해도]
“그들의 말을 들어주지 않는다 하였노라”

담(毯)

עַמּוּדָיו עָשָׂה כֶסֶף רְפִידָתוֹ זָהָב מֶרְכָּבוֹ אַרְגָּמָן
그 기둥은 은이요 바닥은 금이요 자리는 자색 담이라
(아가서 3 ; 10)

담이라는 구체적 언급은 원문에 없다.
מֶרְכָּבוֹ אַרְגָּמָן (마르카보 아르까만)[그것들의 자리는 자색이다]
the covering of it of purple -covering (KJV)
its seat of purple - its seat (RSV)
其座赤色-자리는 적색.(文理) 坐墊是紫色 -깔개는 자색이다.(統一)
その座(ざ)は紫(むらさき)のぬので -그 자리는 자색의 직물로서(聖書)
담(毯)[짐승의 털을 빨아 짓이겨 두툼하고 평평하게 만든 조각.
(담요 따위의 재료로도 쓰임]

우리의 전통적 거실에는 장판을 깔았듯이 이스라엘의 전통적 주거 관습은 바닥에 천이나 짐승의 가죽을 까는 것이 예사였다. 이를 미루어 원문에 없는 담을 삽입하여 수식한 것 같다.
이에 잘 쓰지 않는 [담] 보다는 [융단]이 훨씬 두드러질 것이다.
“그 기둥은 은이요 바닥은 금이요 자리는 자색 융단이라”

형극(荊棘)

בַּחִצִּים וּבַקֶּשֶׁת יָבוֹא שָׁמָּה כִּי־שָׁמִיר וָשַׁיִת תִּהְיֶה כָל־הָאָרֶץ
온 땅에 질려와 형극이 있으므로 살과 활을 가지고 그리로 갈 것이요
(이사야 7 : 24)

כִּי־שָׁמִיר וָשַׁיִת(키 샤미르 와샤이트)[질레와 형극이 있으므로]

שַׁיִת(샤이트) [가시덤불. 찔레]

all the land shall become briers and thorns- 찔레와 가시(KJV)(RSV)
荊棘(文理)(統一) おとろ-덤불.(聖書)
형극(荊棘) [나무의 가시. 고난이나 자애 따위를 비유하는 말]

[형극]이라는 어려운 말로 성경을 난해하게 할 특별한 이유는 없다. 예사롭게 [가시]로 하고 질려도 [찔레]로 하는 것이 좋겠다.
"온 땅에 찔레와 가시가 있으므로-"

치중(輜重)

בָּא עַל־עַיַּת עָבַר בְּמִגְרוֹן לְמִכְמָשׂ יַפְקִיד כֵּלָיו

앗수르 왕이 아얏에 이르러 미그론을 지나 믹마스에 치중을 머무르고
(이사야 10 : 28)

יַפְקִיד כֵּלָיו(야페키드 켈라이오)[그들의 짐을 둘 것이다]

כְּלִי (켈리)[물품. 용기. 용품. 패물. 행리(行李)]

he hath laid up his carriage (KJV) he stores his baggage (RSV)
輜重(輜重)(統一) 行李(こり)をとどめ -짐을 멈춘다(聖書)
치중(輜重) [말에 실은 짐. 군수품]

יַפְקִיד כֵּלָיו(야페키드 켈라이오)[그들의 짐을 둔다]는 우리의 관념상 [짐을 풀다]이다.

[치중울 머무르고]를 כֵּלָיו(그들의 짐)의 원문대로 [그들의 짐을 풀고]로 번역해 본다.
"-믹마스에 그들의 짐을 풀고"

경만(輕慢)

שִׁמְעוּ דְבַר־יְהוָה אַנְשֵׁי לָצוֹן

너희 경만한 자여 여호와의 말씀을 들을지어다.
(이사야 28 : 14)

אַנְשֵׁי לָצוֹן(아나쉐이 라촌)[..경멸스런 사람]
ye scornful men (KJV) you scoffer-비웃는 자 (RSV)
侮慢(文理) 褻慢(統一) あざける-조소하다 비웃다.(聖書)
경만(輕慢)[경솔하고 거만함]

שִׁמְעוּ דְבַר־יְהוָה אַנְשֵׁי לָצוֹן (쉐마 다바르 야웨 아나쉐이 라촌)[여호와의 말씀을 들으라 너희 교만한 자여] 또는 [거만한 자]가 무난하다.
"너희 거만한 자여 여호와의 말씀을 들을 지어다"

회삼물(灰三物)

וְיָבֹא סְגָנִים כְּמוֹ־חֹמֶר וּכְמוֹ יוֹצֵר יִרְמָס־טִיט

그가 이르러 방백들을 회삼물같이 토기장이의 진흙 밟음같이 밟을 것이니
(이사야 41 : 25)

כְּמוֹ־חֹמֶר(카모 코메르)[점토 같이] חֹמֶר(코메르)[점토 진흙 몰타르 시멘트]
upon mortar (KJV) as on mortar(RSV) 濤土(도토)(文理) 灰泥(統一)
いっくい(聖書)
회삼물(灰三物)[석회 황토 모래 세 가지로 섞어 만든 것]

[회반죽]으로 바꾸면 상황에 맞게 실감하게 될 것이다.
"그가 이르러 방백들을 회반죽 같이-"

몰각(沒覺)

וְהֵמָּה רֹעִים לֹא יָדְעוּ הָבִין

그들은 다 몰각한 목자들이라
(이사야 56 : 11)

לֹא יָדְעוּ (로 야다-)[알지 못하다. 모르다. 지식이 없다]

ידע(야다-)[알다. 깊이 인식하여 알다. 체득하여 알다]

they are shepherds that can not understands (KJV)
the shepherds also have no understanding (RSV)
愚蠢之牧人-미련하고 어리석은 목자.(文理) 牧人不能明白-분별이 없는 목자.(統一)
悟(さと)ることのできない牧者(ぼくしゃ)-지각이 없는 목자.(聖書)
몰각(沒覺)[무지하여 깨닫지 못함.(無知沒覺)]

일상 쓰는 용어 [무지(無知)]에 해당되며 원어의 לֹא יָדְעוּ (로 야다-)에도 근접한다.
"그들은 다 무지한 목자들이라"

호심경(護心鏡)

וַיִּלְבַּשׁ צְדָקָה כַּשִּׁרְיָן

의로 호심경을 삼으며
(이사야 59 :17)

שִׁרְיָן(쉬르얀)[갑옷. 방호벽.호심경. 흉배] צְדָקָה(체다카)의의

יִלְבַּשׁ(일바쉬)[그가 입었다]

put on righteousness as a breast plate.- breast plate (KJV)(RSV)
仁義爲護胸(文理) 以公義爲鎧甲.(護心鏡)(統一) 鎧(개) : 갑옷 개
胸當(むねあて)(聖書)
호심경(護心鏡)[갑옷의 가슴 쪽에 호신의 하나로 붙이는 구리조각]

갑옷이나 흉배(胸背)로도 무난할 것 같다.
"의로 갑옷을 삼으며-"

구로(劬勞)

בְּטֶרֶם תָּחִיל יָלָדָה

시온은 구로하기 전에 생산하며

(이사야 66 : 7)

בְּטֶרֶם תָּחִיל יָלָדָה(뻬테림 타힐 얄라다-)

[몸부림쳐 고통하기 전에 아이를 낳았다]

חִיל(힐) **חוּל**(훌)[① 흔들다 기뻐하다 ② 태어나다 ③ 춤추다 떨다 창조하다 맺다 ④ 고통을 받다 괴로워하다.]

before she travailed -travail-고통 산고 진통.(KJV)

before she was in labor - in lavor 수고 고역.(RSV)

未劬勞而生子-구로하지 않고 아이를 낳다(文理)

未覺疼痛就生出男孩 - 고통을 알기 전에 남아를 출산(統一)

苦(くろ)しみ(聖書)

구로(劬勞)[자식을 기르는 수고. 병으로 고생함]

בְּטֶרֶם תָּחִיל(뻬테림 타힐)의 [고통하기 전에]라는 뜻을 살려 [구로]대신 [산고(産苦)]가 **חִיל**(힐)에 맞겠다.

"시온은 산고도 하지 않고 출산하며"

패역(悖逆)

וַיֹּאמֶר יְהוָה אֵלַי צִדְּקָה נַפְשָׁהּ מְשֻׁבָה יִשְׂרָאֵל מִבֹּגֵדָה יְהוּדָה

여호와께서 내게 이르시되 배역한 이스라엘은 패역한 유다보다 오히려 났나니

(예레미야 3 : 11)

מִבֹּגֵדָה יְהוּדָה (미뽀게다 여후다)[유다의 불충한 행동보다]

בגד(바가드)[불충하게 행동하다. 믿을 수 없게 행동하다]

more than treacherous Judah.-treacherous-배반의 불신의.(KJV)
less guilty than false Judah.-거짓의. 기만한.(RSV)
欺予(文理) 奸詐(統一) 不信(ふしん)(聖書)

패역(悖逆) [인륜에 어긋나고 불순함]

בגד(바가드)가 전하는 의미로는 믿을 수 없는 행동을 지적하는 것이므로 패역이라는 어려운 말을 피해 [믿을 수 없는]으로 고쳐본다.
"배역한 이스라엘은 믿을 수 없는 유다보다 오히려 의로움이 나타났으니"

강퍅(剛愎)

וְלֹא־יֵלְכוּ עוֹד אַחֲרֵי שְׁרִרוּת לִבָּם הָרָע
다시는 그들의 악한 마음의 강퍅한 대로 행치 아니할 것이며
(예레미야 3 : 17)

אַחֲרֵי שְׁרִרוּת לִבָּם הָרָע(악하레이 쉐리트 라빔 하라-)
[악한 마음의 완고함을 따라]

שְׁרִרוּת (쉬리루트)[완고함 견고함]

after the imagination of their evil heart.(KJV)
they shall no more stubbornly follow their own evil.(RSV)
惡念不生惡事弗作(文理) 不再隨從的自己頑梗的惡心行事(統一)
自分(じぶん)の惡(わる)い心(こころ)に從(したか)うことはしない-자기의 악한 마음에 따라 행하는 일은 하지 않는다.(聖書)
강퍅(剛愎)[성질이 깐깐하고 고집이 셈]

한문 투에 얽매이지 말고 [고집]이라는 일상용어를 써도 문장의 장중성에는 무리가 없을 것이다.
"그들의 악한 마음의 고집대로 하지 아니 할 것이며-"

흉벽(胸壁)

כִּרְתוּ עֵצָה וְשִׁפְכוּ עַל־יְרוּשָׁלִַם סֹלְלָה

너희는 나무를 베어서 예루살렘을 향하여 흉벽을 쌓으라

(예레미야 6 : 6)

סֹלְלָה(솔르라)[흙무덤. 작은 언덕. 토성]

cast a mount(KJV) cast up a seize mound (RSV)

築壘(文理)(統一) 壘(ろい)を築(さず)け-흉벽(聖書)

흉벽(胸壁)[흉곽의 외벽. 흙으로 된 자연적인 둑의 표면을 유지하기 위해 만든 낮은 벽]

סֹלְלָה(솔르라)가 전하는 뜻으로는 높지 않은 언덕을 느끼게 한다. 우리말로는 둔덕과 같은 것. 특히 이 구절이 우리말로만 서술되어 있으나 유독 흉벽이 끼어 있어 매끈한 나무에 공이 같은 느낌을 준다. 문장의 조화를 이루어 [흉벽]을 빼고 [둔덕]을 끼워 본다.

"너는 나무를 베어서 예루살렘을 위하여 둔덕을 쌓으라"

민답(悶沓)

וָאֵשֵׁב שָׁם שִׁבְעַת יָמִים מַשְׁמִים בְּתוֹכָם

그 중에서 민답히 칠일을 지내니라

(에스겔 3 : 15)

שָׁמֵם(샤멤)[황폐해지다. 경악하다. 소름끼치다. 황무하다]

מַשְׁמִים בְּתוֹכָם(마쉐밈 빼토캄)[놀라 불안한 마음으로 그들과 함께 지냈다]

remained there astonished among them. -astonish 경악. (KJV)

sat there overwhelmed among them.- overwhelm 억눌림.(RSV)

不勝駭愕(文理) 憂憂悶悶的(統一) 驚(おとろ)きあきれて-몹시 놀라서.(聖書)

민답(悶沓) [딱한 생각으로 가슴이 답답함. 안타깝고 답답함]

אֵשֵׁב שָׁם שִׁבְעַת יָמִים מַשְׁמִים בְּתוֹכָם(이샤브 샴 슈비아트 야밈 마쉐밈 베토캄)

[거기서 놀라고 답답해하면서 칠일을 그들과 함께 지냈다].
[민답]은 원문에서[근심에 억눌린] 상태를 느끼게 한다. 다음과 같이 재 번역해 본다.
"거기서 근심에 억눌려 이레를 그들과 함께 지내니라"

복명(復命)

וְהִנֵּה הָאִישׁ לְבֻשׁ הַבַּדִּים אֲשֶׁר הַקֶּסֶת בְּמָתְנָיו מֵשִׁיב דָּבָר לֵאמֹר

가는 베옷을 입고 허리에 먹 그릇을 찬 사람이 복명하여 가로되
(에스겔 9 : 11)

שִׁיב דָּבָר (슈브 따바르)[복명]

שׁוּב(슈브)[되돌리다. 가던 길을 돌아가다] **דָּבָר**(따바르)[말]

reported the matter,(KJV) brought back word (RSV)
復曰(文理) 回覆說(統一) 報告(ほうこく)(聖書)
복명(復命)[명령에 따라 처리한 일의 결과를 보고함]

[복명]을 풀어서 해석하면 [답하여 가로되]이다. 문맥을 보아서
[아뢰어 가로되]라 해도 무방하나 원문에 더욱 충실하기 위해서는
[답하여 가로되]가 적절하겠다.
"-먹 그릇을 찬 사람이 답하여 가로되"

행구(行具)

וְאַתָּה בֶן־אָדָם עֲשֵׂה לְךָ כְּלֵי גוֹלָה וּגְלֵה

인자야 너는 행구를 준비하고
(에스겔 12 : 3)

כְּלֵי גוֹלָה(켈리 골라)[유랑 또는 탈출할 때 쓰일 물건. 행리]

stuff for removing (KJV) exiles' baggage (RSV)
將行(文理) 使用的物件(統一) 荷物(聖書)
행구(行具)[여행할 때 쓰이는 물건]

[행구를 준비하고]를 [길 떠나 쓸 짐을 꾸리고]로 바꾸어 본다.
"인자야 너는 길 떠나 쓸 짐을 꾸려 낮에 그들이 보는 데서..."

감계(鑑戒)

וְנָתַתִּי פָנַי בָּאִישׁ הַהוּא וַהֲשִׁמֹתִיהוּ לְאוֹת וְלִמְשָׁלִים

그들로 놀라움과 감계와 속담거리가 되게 하며
(에스겔 14 : 8)

וַהֲשִׁמֹתִיהוּ לְאוֹת וְלִמְשָׁלִים(와하시모티후 레오트 베리무샬림)
[놀라움과 감계와 속담]

שָׁמֵם(샤멤)[황폐해지다. 경악하다. 소름끼치다. 황무하다]

אוֹת(오트)[신호. 징조. 표] **מָשָׁל**(모슬)[속담. 격언. 웃음거리]

make him a sign (KJV)(RSV) 警戒(統一) しるし-표적.(聖書)
감계(鑑戒) [본받을만한 훈계. 지난 잘못을 거울삼아 다시는 그 일을 되풀이 하지 않도록 하는 경계]

[감계]보다 쉽고 경박하지 않은 말로 대치하여 [교훈]을 택해 본다.
"그들로 놀라움과 교훈과 속담거리가 되게 하며"

응험(應驗)

מָה־הַמָּשָׁל הַזֶּה לָכֶם עַל־אַדְמַת יִשְׂרָאֵל לֵאמֹר יַאַרְכוּ הַיָּמִים וְאָבַד כָּל־חָזוֹן

בֶּן־אָדָם

인자야 이스라엘 땅에서 이르기를 날이 더디고 모든 묵시가 응험이 없다 하는 너희의 속담이 어쩜이뇨(에스겔 12 : 2)

וְאָבַד כָּל־חָזוֹן(베아바드 콜 카존)[모든 환상이 헛것이 되었다]
every vision faileth (KJV) every vision comes to nought(RSV)

先知之言不應不應 -맞지 않다(文理) 一切異象都落了空呢 -헛되다(統一)
すべての幻(まぼろし)はむなしくなった-모든 환상은 헛것이 되었다.(聖書)
응험(應驗) [징조가 나타나 맞음]

[모든 묵시가 응험이 없다]에서 [응험이 없다]를 간략하게 [맞지 않다]로 고쳐 본다.
"- 모든 묵시가 맞지 않는다는 너희의 속담이 어쩜이뇨"

논단(論斷)

גַּם־אַתְּ שְׂאִי כְלִמָּתֵךְ אֲשֶׁר פִּלַּלְתְּ לַאֲחוֹתֵךְ

네가 네 형과 아우를 논단하였은즉
(에스겔 516 : 52)

פָּלַל(파랄)[사이에 끼어들다.판결하다.처벌하다] 본문에서는[처벌하다]
judged thy sisters (KJV)
you have made judgement favorable to your sisters (RSV)
爾責姉妹(文理) 斷定你姉妹(統一)·
姉妹(しまい)を有利(ゆり)にさばいた-자매를 유리한대로 처리하다.(聖書)
논단(論斷)[의존하여 판단함. 논하여 단정함]

원문의 **פָּלַל**(파랄)이 에스겔서에는 [처벌]로 지적되어 있으므로 [단죄]로 해석함이 옳겠다.
원문의 **לַאֲחוֹתֵךְ**(라악호테크)[너의 자매들에게]를 유독 우리 성경은 [네 형과 아우]로 하여 여자 형제가 아닌 남자 형제로 오해를 불러일으키는 것도 정정할 사항이다.
"네가 네 자매를 단죄하였은즉"

구합(媾合)

גִּלָּה־בָךְ טְמֵאַת הַנִּדָּה עִנּוּ־בָךְ

부정한 여인과 구합하는 자도 있었으며

(에스겔 22 : 10)

עִנָּה(아나)[괴롭히다. 곤고케 하다]

they humbled her - hunble 천하게 부끄럽게.(KJV)(RSV)
동침(同寢)(文理) 玷辱(文理) 犯(おか)す(聖書)
구합(媾合)[성교]

[구합]이란 직설적인 표현보다 [범하다]의 완곡한 표현이 좋겠다.
"부정한 여인을 범하는 자도 있었으며"

전재(錢財)

חֹסֶן וִיקָר יִקָּחוּ אַלְמְנוֹתֶיהָ

전재의 보물을 탈취하며
(에스겔 22 : 25)

חֹסֶן(호센)[보물]

treasure(KJV)(RSV) 珍寶(文理) 財寶(統一)
寶(からた)と尊(たっと)い物(もの)(聖書)
전재(錢財)[재물로서의 돈]

전재를 [귀중품]으로 하여 [귀중품과 보물]로 번역해본다.
"귀중품과 보물을 탈취하여"

거접(居接)

וְלֹא תֵשֵׁב אַרְבָּעִים שָׁנָה

-거접하는 사람이 없어 사십년이 지날지라
(에스겔 29 : 11)

יָשַׁב(야샤브)[앉다.거주하다. 머무르다. 동거하다.]

neither shall it be inhabited -inhabited forty years (KJV)

it shall be uninhabited forty years. -uninhabited(RSV)
不椄止凡歷四十年 -椄(文理) 無人居住(統一) 住(すむ)(聖書)
거접(居接) [임시로 머물러 지냄]

יֵשֵׁב(야샤브)는 정착이란 의미로 원어로 쓰이고 있다. 예를 들면 '다윗이 열조와 함께 무덤에 안치되었다." 할 경우에도 동사 יֵשֵׁב를 썼고 부족이 한 곳을 정하여 정착할 때도 יֵשֵׁב를 썼다. 따라서 일반적으로 거의 쓰지 않는 거접(居接) 대신에 쉽게 [거주] 또는 [살다]로 하는 게 성경 이해에 도움이 되겠다.
"-사람도 살지 않고 사십년을 지낼지라."

감찰(鑑察)

כִּי גָבֹהַּ מֵעַל גָּבֹהַּ שֹׁמֵר וּגְבֹהִים עֲלֵיהֶם

더 높은 자가 감찰하고 그들보다 더 높은 자들이 있음이니라
(전도서 5 : 8)

שָׁמַר(샤마르)[지키다. 보호하다.다스리다.]

שֹׁמֵר (쇼메르)현재진행형 [지키는 보호하는]
the highest regardeth -regardeth (KJV)
watched by higher - watch (RSV)
鑑察(文理)(統一) うかがう-듣다 묻다 의 경사 말.(聖書)
감찰(鑑察)[(한문투의 글에서 쓰는 말로서) 살펴보다]

[지켜보다. 살펴보다]가 무난하겠다.
"더 높은 자가 지켜보고 그들보다 더 높은 자들이 있음이니라"

박멸(撲滅)

אִם־עֹשֶׁק רָשׁ וְגֵזֶל מִשְׁפָּט וָצֶדֶק תִּרְאֶה בַמְּדִינָה אַל־תִּתְמַהּ

너는 어느 도시에서든지 빈민을 학대하는 것과 공의를 박멸하는 것을 볼지라도
(전도서 5 : 8)

גָּזֵל (까젤)[강도 약탈]

violent perverting of judgement and justice.(KJV)
justice and right violently taken away. (RSV)
강포(强暴)(文理) 奪取(統一) 曲(ま)げること-구부리는 일. 굽히는 일(聖書)
박멸(撲滅) [모조리 잡아 없앰]

גָּזֵל (까젤)에 근접한 어휘를 물색함에는 [약탈]이 적절하겠으나 원어적 뉘앙스를 살려 [공의를 짓밟는]으로 대체해 본다.
'공의를 짓밟아 없애는 것을 볼지라도- "

강포(强暴)

הוּא וְעַמּוֹ אִתּוֹ עָרִיצֵי גוֹיִם מוּבָאִים לְשַׁחֵת הָאָרֶץ
그가 열국 중에 강포한 자기 군대를 거느리고 와서 그 땅을 멸할 때에
(에스겔 30 : 11)

עָרִיץ (아리츠)[강포 자. 무서운 자. 두렵게 하는. 대적의. 경외케 하는]

terrible of the most ruthless of nation (KJV) (RSV)
畏懼-무섭고 두려움(文理) 强暴(統一) 最(もっと)も恐(おと)るべき者(もの) (聖書)
강포(强暴) [우악스럽고 포악함]

[포악한] 또는 순수 우리말로 [무시무시한]으로 번역해 본다.
그가 열국 중에 무시무시한 자기 군대를 거느리고 와서 "

종식(種植)

וַהֲקִמֹתִי לָהֶם מַטָּע לְשֵׁם

내가 그들을 위해 유명한 종식할 땅을 일으키리니
(에스겔 34 : 29)

מַטָּע(마타아)[수목재배. 심기. 재배지 농원]

וַהֲקִמֹתִי לָהֶם מַטָּע לְשֵׁם(와하키모티 라헴 마타아 레샴)
내가 그들을 위해 거기에 재배지를 준비할 것이다.
plant of renown (KJV) prosperous plantation (RSV)
長若枝柯(文理) 植物(統一) 栽培所(さいはいしょ)(聖書)
종식(種植)[씨를 뿌리고 심는 일]

[종식할 땅] 어감이 어색하다. [농지] 또는 [농사지을 땅] [씨 뿌릴 땅]이 좋겠다.
"내가 그들을 위하여 씨 뿌릴 땅을 일으키리니"

통행구(通行口)

וּמִתַּחַת הַלְּשָׁכוֹת הָאֵלֶּה הַמָּבוֹא הַמֵּבִיא מֵהַקָּדִים
이 방들 아래에 동편에서 들어가는 통행구가 있으니
(에스겔 42 : 9)

מֵבִיא(마보오)[입구. 들어감. 해지는 편]
entry(KJV) entrance(RSV) 門(文理) 進入之處(統一) 入口(いりくち)(聖書)
통행구(通行口)[들어가고 나가는 문(곳)]

[통행구]는 일상 쓰고 있는 [출입문]에 비해 좀 억지스럽다. 본문에서는 그냥 [문]으로 해도 자연스럽다. [동편]은 [동쪽]으로.
이 방들 아래에 동쪽에서 들어가는 문이 있으니"

묘(廟)

וַיְבִיאֵם אֶרֶץ־שִׁנְעָר בֵּית אֱלֹהָיו
시날 땅 자기 신의 묘에 이르러
(다니엘 1 : 2)

בֵּית אֱלָהָיו(베이트 엘로하우) [그의 신의 집]
house of his God.(KJV)(RSV) 上帝殿(文理) 神的廟(統一)
神(かみ)の宮(みや)(聖書)
묘(廟)[왕실의 사당. 공자를 모신 사당. 이를 줄여서 묘라 한다.]

성경에서 בֵּית-אל(베이트 엘)을 [묘]로 일컫는 것은 어울리지 않는 말 중 하나이다.
묘라 함은 전통 의식에서 왕들의 혼을 모시는 곳으로 널리 알려져 있고 나아가 유교적이며 토속적인 신앙 관념이 짙은 인상을 준다.

하나님이 계시는 곳 또는 하나님을 모시는 곳이 בֵּית-אל(베이트 엘). 이를 우리 성경에서는 음역하여 [벧엘]이라 한다. 기독교에서 흔히 [성전(聖殿)] 또는 [하나님의 전(殿)]등 이질감 없이 예사롭게 쓰고 있다. [묘]에 비해 훨씬 익숙한 [하나님의 전]을 택해 본다. 덧붙여 [자기 신]도 [자기가 섬기는 하나님]으로 부연 시켜 본다.
"시날 땅 자기가 섬기는 하나님의 전에 이르러"

분벽(粉壁)

וְכָתְבָן לָקֳבֵל נֶבְרַשְׁתָּא עַל־גִּירָא דִּי־כְתַל הֵיכְלָא דִּי מַלְכָּא
-왕궁 촛대 맞은 편 분벽에 글자를 쓰는데-(다니엘 5 : 5)

עַל־גִּירָא דִּי־כְתַל(알 끼라 띠 케텔)[-벽의 회벽 위에]

גִּיר(끼르)[분필. 회반죽. 벽토] כתל(케탈)[벽]
plaster of the wall(KJV)(RSV). 粉壁(文理) 粉牆(統一)
塗壁(ぬりかべ)(聖書)
분벽(粉壁) [희게 꾸민 벽]

[분벽]이 특별한 의미를 갖지 않으므로 예사롭게 [흰 벽]이 이해에 도움이 된다.
"-왕궁 촛대 맞은 편 흰 벽에 글자를 쓰는데-"

주재(主宰)

וְעַל מָרֵא־שְׁמַיָּא הִתְרוֹמַמְתָּ

도리어 스스로 높여서 하늘의 주재를 거역하고
(다니엘 5 :23)

מָרֵא־שְׁמַיָּא (메라 쉐마야) [하늘의 지배자. 하늘의 군주]
the Lord of heaven(KJV)(RSV) 天之主(文理) 天上的主(統一) 天の主(聖書)
주재(主宰)[책임지고 맡아서 처리함. 또는 처리하는 사람]

[주인] [주관자]로 역해 본다.
"도리어 스스로 높여 하늘의 주관자를 거역하고"

적실(的實)

עָנֵה מַלְכָּא וְאָמַר יַצִּיבָא מִלְּתָא
왕이 가로되 이 일이 적실하니
(다니엘 6 : 13)

יַצִּיבָא מִלְּתָא(야치바 밀레타-)[그 일이 진실하다]

יַצִּיב(야치브) [확실한 진실된] **מִלָּה**(밀라)[말. 발언. 일. 사건. 문제]
true(KJV) stand fast(RSV) 常循(文理) 實(統一) 確か(聖書)
적실(的實)[틀림없이 확실함]

יַצִּיבָא מִלְּתָא(야치바 밀레타-)에 근접한 우리말로 [적실]을 피한 다른 말로는 [확실하다. 틀림없다. 꼭 그렇다] 중 어느 것이든지 택할 수 있다.
"-왕이 가로되 그 일이 꼭 그러하니(확실하니)(틀림없으니)"

수욕(羞辱)

יְהוָה לָנוּ בֹּשֶׁת הַפָּנִים

주여 수욕이 우리에게 돌아오고
(다니엘 9 : 8)

בֹּשֶׁת(뽀세트)[부끄러움. 수치. 수치스러운 것]

confusion of face (KJV)(RSV) 蒙首(文理)(統一) 恥(はし)(聖書)
수욕(羞辱) [부끄러움과 욕됨]

보통 쓰고 있는 [수치]로도 원어 접근에는 손색이 없겠다.
"주여 수치가 우리에게 돌아오고"

사유(赦宥)

לַאדֹנָי אֱלֹהֵינוּ הָרַחֲמִים וְהַסְּלִחוֹת

주 우리 하나님께는 긍휼과 사유하심이 있사오니
(다니엘 9 : 9)

סְלִיחָה(쎄릭하)[용서. 용서하다]

forgiveness(KJV)(RSV) 赦宥(文理) 饒恕(統一) ゆるし(聖書)
사유(赦宥)[죄를 용서함]

[용서]가 낫겠다.
"우리 주 하나님께는 긍휼과 용서하심이 있으니"

본족(本族)

וְעָמַד מִנֵּצֶר שָׁרָשֶׁיהָ כַּנּוֹ

그러나 이 공주의 본족에서 난 자 중에 하나가
(다니엘 11 :7)

מִנֵּצֶר שָׁרָשֶׁיהָ(미네체르 쇼라쉐하)[본 뿌리에서 난 싹에서]

שָׁרָשֶׁיהָ (쇼라쉐하)[그녀의 뿌리들]

branch of her roots(KJV)(RSV) 族姓(文理) 本家(作根)(統一)
根(ね)(聖書)
본족(本族) [본래의 종족]

[종족(宗族)]이 훨씬 예사롭다.
"그러나 이 공주의 종족 중 하나가-"

업(業)

וְתַעֲמֹד לְגֹרָלְךָ לְקֵץ הַיָּמִין

끝날에는 네 업을 누릴 것임이니라
(다니엘 12 : 12)

גֹּרָלְךָ (꼬를레카)[너의 분깃] גּוֹרָל(꼬르)[몫. 제비. 추첨. 할당된 물건]
lot(KJV) alloted place(RSV) 業(文理) 福分(統一) 分(ぶん)(聖書)
업(業)[직업의 준말. 불교에서 전 생애에서의 악이나 선행으로 인하여 받는 응보]

[몫]과 같은 말로서 [분복]이 더 적절하겠다.
"끝날에는 네 분복을 부릴 것임이니라"

취(娶)하다

לֵךְ קַח־לְךָ אֵשֶׁת זְנוּנִים וְיַלְדֵי זְנוּנִים

너는 가서 음란한 아내를 취하여 음란한 자식들을 낳으라
(호세아 1 : 2)

קַח-לְךָ(칵흐 레카)[너를 위해 취하라]

לָקַח(라카크)[취하다 가져오다 데려가다]

take(KJV)(RSV) 娶(文理)統一) 受(うけ)る(聖書)
취(娶)하다 [아내를 맞아들이다]

[아내로 맞아]가 확실한 뜻을 살리는 데 도움이 된다.
"너는 가서 음란한 여자를 아내로 맞아-"

주상(柱橡)

אֵין מֶלֶךְ וְאֵין שָׂר וְאֵין זֶבַח וְאֵין מַצֵּבָה
왕도 없고 군도 없고 제사도 없고 주상도 없고
(호세아 3 : 4)

וְאֵין מַצֵּבָה(베에인 미체바)[또 주상도 없고]

מַצֵּבָה(미체바)[기둥. 나무의 그루터기]

image(KJV) pillar(RSV) 雕柱(文理) 柱橡(統一) 柱(はしら)(聖書)
주상(柱橡)[기둥처럼 세워놓은 우상의 모양]

וְאֵין שָׂר(베 에인 사르)[또 군도 없고] [군]의 설명이 필요하다.

[군]의 원어 שַׂר(사르)는 주로 방백을 지칭하며 [수령. 지도자. 두목. 왕자. 가신. 귀족. 장군 수호천사]등 여러 의미를 지닌다. 본문에서는 [수령] [감독자]가 적절하지 않을까.

מַצֵּבָה(미체바)와 שָׂר(사르)를 아울러 재번역해 본다.
"- 왕도 없고 수령도 없고 제사도 없고 우상으로 세운 기둥도 없고"

지계표(地界標)

הָיוּ שָׂרֵי יְהוּדָה כְּמַסִּיגֵי גְּבוּל
유다 방백들은 지계표를 옮기는 자 같으니

(호세아 5 : 10)

גבול(게불)[테두리. 가장자리. 경계(선). 영역]

bound(KJV) land mark(RSV) 界地(文理) 地界(統一) 境(さかい)(聖書)
지계표(地界標)[경계표]

경계는 지역과 수역을 포함함으로 [경계표]를 택해 본다.
"유다 방백들은 경계표를 옮기는 자 같으니-"

편만(遍滿)

גִּלְעָד קִרְיַת פֹּעֲלֵי אָוֶן עֲקֻבָּה מִדָּם

길르앗은 행악자의 고을이라 핏발자취가 편만하도다
(호세아 6 : 8)

עֲקֻבָּה מִדָּם(아쿠바 미땀)[피로 발자취를 남겼다]

עקב(아코브) [① 틈을 엿보는 사람. 음란한 교활한. 사람을 속이는 거짓의 사기의. ② 발자취를 남긴]

polluted with blood(KJV) tracked with blood(RSV)
遍境(文理) 被血沾染(統一) 血(ち)の足跡(あしあと)で滿(みた)され(聖書)
편만(遍滿)[널리 가득함. 구석구석까지 가득 참]

[편만]에 해당하는 구체적인 어휘를 원문에서는 찾을 수 없다.
עֲקֻבָּה מִדָּם [피로 발자취를 남겼다]는 서술로서 가득함을 느낄 수 있다.
[핏 자국으로 얼룩졌다]로 바꾸어 본다.
길르앗은 행악자의 고을이라 핏자국으로 얼룩졌도다. "

사악(邪惡)

כִּי זִמָּה עָשׂוּ

저희가 사악을 행하였느니라

(호세아 6 : 9)

עָשׂוּ זִמָּה(제마 앗수)[사악을 그들이 행하였다]

זִמָּה (제마)[계획.' 의도. 고안. 사악함]

commit lewdness-음란 외설을 행했다.(KJV) villainy- 나쁜 짓 악행(RSV)
行淫(文理) 邪惡(統一) 惡(あ)しき事(こと)(聖書)
사악(邪惡)[마음이나 생각이 악독하고 간사함]

[사악]을 [못된 짓]으로 바꾸어 본다.
"저희가 못된 짓을 행하였느니라."

궤사(詭詐)

כִּי פָעֲלוּ שָׁקֶר

저희는 궤사를 행하며
(호세아 7 : 1)

שָׁקֶר(샤케르)[사기. 협잡. 잘못. 속임. 거짓. 허위]

פָּעֲלוּ שָׁקֶר(파알루 샤케르)[그들이 악을 행한다. 사기 협잡을 한다.]

falsehood(KJV) deal falsely(RSV) 詭詐(文理) 虛謊(統一)
僞(いつわ)り(聖書)
궤사(詭詐)[교묘한 거짓으로 속임]

שָׁקֶר (샤케르)는 거짓으로 속임수를 쓰서 악을 행하는 그런 뜻이 내포도어 있음을 알 수 있다. 궤사의 듯을 풀어서 표현하면 [악한 꾀로 남을 속이다] 이다.
"저희는 악한 꾀로 남을 속이며 안으로 들어가 도적질 하며"

절일(節日)

מַה־תַּעֲשׂוּ לְיוֹם מוֹעֵד וּלְיוֹם חַג־יְהוָה

너희가 명절일과 여호와의 절일에 무엇을 하겠느냐

(호세아 9 : 5)

לְיוֹם חַג־יְהוָה(라욤 하그 야웨)[야웨의 축제날에]

חַג(하그)[축제일의 모임. 축제. 잔치. 순례절기. 제사. 제물]

in the day of feast.(KJV)(RSV) 大會之日(文理) 耶華和的節期(통일)

主(しゆ)の祭(まつり)の日(ひ)(聖書)

절일(節日)[한 철의 명일. 임금의 생일]

[절일]을 [명절]로 [여호와의 절일]을 [여호와의 축제일(송축일)]로 고쳐본다.

"너희가 명절과 여호와의 축제일에 무엇을 하겠느냐"

인진(茵蔯)

וּפָרַח כָּרֹאשׁ מִשְׁפָּט עַל תַּלְמֵי שָׂדָי

그 재판이 밭이랑에 돋는 독한 인진 같으리로다

(호세아 10 : 4)

רֹאשׁ(로쉬)[쓰고 독이 있는 풀. 독사 따위의 독액. 독물. 독]

hemlock(KJV) poisonous weed(RSV) 茵蔯(文理) 苦葉(統一)

毒草(とくそう)(聖書)

인진(茵蔯)[사철. 쑥]

hemlock -북미산 솔송나무. 독당근(그 열매에서 채취한 독약.강한 진정제)

רֹאשׁ(로쉬)에 맞게 [독초]로 뜻을 살린다.

"그 재판이 밭이랑에 돋는 독초 같으리로다."

적축(積蓄)

הוּא יִשְׁסֶה אוֹצַר כָּל־כְּלִי חֶמְדָּה

그 적축한바 모든 보배의 그릇이 약탈되리로다.

(호세아 13 : 15)

אוֹצָר (오차르)[보고 금고 창고 저장 보배]

the treasure of all pleasant vessels (KJV)
treasury of every precious thing (RSV)
寶器(文理) 積蓄)(統一)
尊(たっと)い物(もの)の寶庫(ほうこ)(聖書)
적축(積蓄)[축적 : 많이 모으는 일. 많이 모이는 일]

원문에는 [적축]이 없다. [모아 둔 보배들]로 뜻을 살려본다.
"그 보배들을 모아둔 창고가 약탈되리로다."

몰수(沒數)히

אִסְפוּ זְקֵנִים כֹּל יֹשְׁבֵי הָאָרֶץ בֵּית יְהוָה אֱלֹהֵיכֶם וְזַעֲקוּ אֶל־יְהוָה

장로들과 이 땅 모든 거민을 너희 하나님 여호와의 전으로 몰수히 모으고-
(요엘 1 : 14)

כֹּל - אִסְפוּ(아사푸-콜)-너희는 모두를 모아라.

אִסְפוּ[너희는 모아라] **כֹּל**(콜)[모두]

gather the elders and all the inhabitants.- gather -- all(KJV)(RSV)
集長老居民(文理) 招聚(統一) 召集(しょしゅ)(聖書)
몰수(沒數 [수량의 전부]

"여호와의 전으로 몰수히 모으고--" 몹시 어색하다.
[몰수히]를 [다 불러 모으고]로 대신해 본다.
"장로들과 이 땅 거민들을 너희 여호와의 전으로 다 불러 모으고"

민망(憫惘)

מַה־נֶּאֶנְחָה בְהֵמָה נָבֹכוּ עֶדְרֵי בָקָר כִּי אֵין מִרְעֶה לָהֶם

생축이 탄식하고 소 떼가 민망해하니 이는 꼴이 없음이라
(요엘 1 : 18)

נָבֹכוּ עֶדְרֵי בָקָר(나보크 에드레이 바카르)[소의 무리가 혼란스럽다]

בּוּךְ(부우크)[당혹케 하다. 난처해 하다. 혼란에 빠뜨리다. 혼동하다. 어지럽히다.]

the herds of cattle are perplexed- perplex 당황하다. 난처하다.(KJV)(RSV)
混亂(統一) さまよう-헤매다 방황하다. 떠들다.(聖書)
민망(憫惘)[보기에 답답하고 딱하여 걱정스럽거나 안쓰러움]

[소 떼가 민망해 한다]는 마치 외국 사람이 우리말을 처음 배워 대중없이 떠듬거리는 것 같은 어색하고 그야말로 듣기 민망스런 어투이다.

원어의 בּוּךְ(부우크)가 전하는 그 뜻을 파악하여 소 떼들이 혼란을 일으키는 그 장면을 연상하며 이에 맞게 옮겨야 할 것이다. [민망]을 [혼란을 일으키니]로 해 본다.

"생축이 탄식하고 소 떼가 혼란을 일으키니"

송구(悚懼)

מִפָּנָיו יָחִילוּ עַמִּים

그 앞에서 만민이 송구하며
(요엘 2 : 6)

יָחִילוּ(야힐루)[그들이 몸부림치며 괴로워한다.]

חִיל(힐) חוּל(훌)[비틀다. 빙빙 돌다. 춤추다. 몸부림치다]

people shall be much pained -pain 고통 (KJV)
people are in anguish -고뇌 (RSV)
悚惶(文理) 傷慟(統一) なやみ-번민. 걱정(聖書)
송구(悚懼)[두렵고 거북함]

יָחִילוּ(야힐루)에 [송구]는 근접하지 않다. 몸부림치며 괴로워하는 것으로 일치감을 갖는데 원어접근의 노력과 의미가 있다. [괴로워한다]가 가깝다.
"그 앞에서 만민이 괴로워하며"

기업(基業)

וְנִשְׁפַּטְתִּי עִמָּם שָׁם עַל־עַמִּי וְנַחֲלָתִי יִשְׂרָאֵל

내 백성 곧 내기업된 이스라엘을 위하여 거기서 그들을 국문하리니
(요엘 3 : 2)(4 :2)

וְנַחֲלָתִי(웨 나할라티)[그리고 나의 소유] נחלה(낙할라)[소유. 재산. 상속. 몫. 할당. 배당금]
heritage- 상속 유산(KJV)(RSV) 分我土地(文理) 産業(統一)
嗣業(しきょう)(聖書)
기업(基業)[선대로부터 이어오는 재산. 바탕이 되는 사업]

유업(遺業)으로도 할 수 있겠으나 [기업]은 널리 알려져 있으므로 그냥두기로 한다.

광포(廣布)

קִרְאוּ־זֹאת בַגּוֹיִם

너희는 열국에 이렇게 광포할 지어다
(요엘 3 : 9)(4 : 9)

קִרְאוּ־זֹאת בַגּוֹיִם(카레우 죠트 바꼬임)[나라들에 이렇게 너희 외쳐라]

קְרָא(카라)[부르다. 선언하다. 불러모으다. 크게 읽다.]
proclaim -선언하다. 공언하다.(KJV)(RSV) 當告(文理) 宣告(統一)
宣(の)べ傳(つた)え.(聖書)
광포(廣布)[① 폭이 넓은 삼베 ② 세상에 널리 펴서 알림]

[널리 알리다] 로 하면 분간이 확실치 못한 점을 분명하게 돕게 될 것이다. 곁들여 열국(列國)을 [모든 나라]로 풀어본다.
"너희는 모든 나라에 널리 이것을 알릴지어다."

수탐(搜探)

אֵיךְ נֶחְפְּשׂוּ עֵשָׂו נִבְעוּ מַצְפֻּנָיו

에서가 어찌 그리 수탐되었으며 그 감춘 보물이 어찌 그리 수탐 되었는고
(오바댜 1 : 6)

נֶחְפְּשׂוּ(넥후패수)[그것들이 찾아졌다 ransacked- 샅샅이 찾다.]

חָפַשׂ(하파스)[찾다. 고안하다. 생각해 내다. 시험하다. 궁리하다. 탐문하다. 살피다 위장하다.]

searched out(KJV) pillaged -약탈당하다.(RSV) 遍索(文理) 搜尋(統一)
探(さぐ)り出(だ)す(聖書)
수탐(搜探)[수사하고 탐지함. 염(廉)알이 : 남의 사정이나 비밀을 몰래 조사하여 알아냄. 염탐(廉探).]

נִבְעוּ(니베우)[탐문당하다. 약탈당하다] **בָּעָה**(바아)[탐문하다. 묻다.]

[수탐]이 앞과 뒤에 반복되는 것은 원문의 **חָפַשׂ**(하파스)와 **בָּעָה**(바아)를 같은 뜻으로 해석했기 때문으로 보인다. 수탐을 반복함으로 고루한 문장이 되고 만다.

앞부분의 **נֶחְפְּשׂוּ**(넥후패수)[그것들이 찾아졌다.]와 뒷부분 **נִבְעוּ**(니베우)[약탈당하다]를 한 문장으로 묶어 풀어 보면 감춘 것이 발각되어 약탈당하는 내용으로 맥을 잇고 있다. 이를 정리해 본다.
"에서가 그 감춘 보물을 어찌 그리 발각 당했으며 어찌 그리 강탈 당했는고"

선가(船價)

וַיִּתֵּן שְׂכָרָהּ וַיֵּרֶד בָּהּ לָבוֹא עִמָּהֶם תַּרְשִׁישָׁה מִלִּפְנֵי יְהוָה
여호와의 낯을 피하여 함께 다시스로 가려고 선가를 주고 배에 올랐더라.
(요나 1 : 3)

וַיִּתֵּן שְׂכָרָהּ(와이텐 세카라흐)[그래서 그것의 삯을 주었다].

שׂכר(사카르)[급료 보수 임금 차비] שְׂכָרָהּ (세카라흐)[그것의 삯]

[그것]은 문장의 앞쪽에 나와 있는 אֳנִיָּה (아니야)[배]를 말한다.

fare (KJV)(RSV) 給舟子以値(文理) 船價(統一) 船價(ふねちん)(聖書))
선가(船價)[배삯]

[선가(船價)]는 그리 난해한 어휘는 아니지만 전체 문장이 한문체를 벗어난 한글위주로 이어진 것을 유독 船價가 끼어 있어 조화를 이루는 데 흠이 된다. 한글로 [삯]이 어울리겠다.
"-다시스로 가려고 삯을 주고 배에 올랐더라."

파쇄(破碎)

וְכָל־פְּסִילֶיהָ יֻכַּתּוּ
그 새긴 우상을 다 파쇄하고
(미가서1 : 7)

יֻכַּתּוּ(유카투)[그것들이 산산이 부수어질 것이다]

כתת(카타트)[때리다. 분쇄하다. 박살내다]

beaten to pieces(KJV)(RSV) 毀(文理) 打碎(統一)
碎(くだ)かれ(聖書)
파쇄(破碎)[다 깨뜨려 부스러뜨림]

כָּל־פְּסִילֶיהָ(콜패실레하)[-의 모든 우상] 원문에 [새긴]은 없다.

פְּסִיל(파실)[우상. 신상. 초상. 상징]

파쇄(破碎)를 피하여 [부서뜨리다]로 한다.
"그 새긴 우상을 다 부서뜨리고"

호곡(號哭)

בְּגַת אַל־תַּגִּידוּ בָּכוֹ אַל־תִּבְכּוּ

가드에 고하지 말며 도무지 호곡하지 말지어다.
(미가서 1 : 10)

בָּכוֹ אַל־תִּבְכּוּ(삐코 알 티바쿠)[진실로 너희는 울지 말라]

בכה(바카아)[울다. 통곡하다. 몹시 슬퍼하다]

weep(KJV)(RSV) 哭泣(文理)(統一) 泣(な)き叫(さけ)ぶ(聖書)
호곡(號哭)[소리 내어 슬피 움]

[통곡]은 누구나 알지만 [호곡]은 흔히 쓰는 말이 아니므로 잘 분간이 안 된다. [고하다]를 [알리다]로 바꾸어 본다. 어감에 맞추어 [도무지]를 [아예]로 한다.
"가드에 알리지 말며 아예 통곡하지도 말지어다."

풍사(諷詐)

בַּיּוֹם הַהוּא יִשָּׂא עֲלֵיכֶם מָשָׁל וְנָהָה נְהִי נִהְיָה אָמַר

그 때에 너희에게 대하여 풍사를 지으며 슬픈 애가를 불러 이르기를
(미가 2 : 4)

מָשָׁל(마샬)[격언. 속담. 노래. 비유]

parable(KJV) taunt song(RSV) 悲詞(文理) 譏刺(統一) 譏(꾸짖을 기)
歌(うた)(聖書)
풍사(諷詐)[가르쳐 경계가 되는 말] (성경낱말사전 . 정훈성 박기원)

[가사] [가사를 지어]로 하고 [애가]를 삭제하고 [노래]로 대신한다.
"그 때에 너희에게 대하여 가사를 지어 슬픈 노래를 불러 이르기를"

편급(遍急)

הֶאָמוּר בֵּית־יַעֲקֹב הֲקָצַר רוּחַ יְהוָה

너희 야곱의 족속아 어찌 이르기를 여호와의 신이 편급하다 하겠느냐

(미가 2 : 7)

קָצַר(카차르)[① 짧다 ② 추수하다. 거두다]

straitened(KJV) impatient(RSV) 不忍耐(統一)

氣短(きみじか)な方(かた)(聖書)

편급(遍急)[성질이 몹시 좁고 급함]

원어의 해석을 직역하면

הֲקָצַר רוּחַ יְהוָה(하카차르 루악흐 야웨)[여호와의 영이 조급하다]

קָצַר(카차르)에 해당하는 편급(遍急)을 [성급하다]로 번역해 본다.

" -여호와의 신이 성급하시다 하겠느냐."

상고(上古)

וּמוֹצָאֹתָיו מִקֶּדֶם מִימֵי עוֹלָם

그의 근본은 상고의 태초니라

(미가서 5 : 2)

מוֹצָאֹתָיו מִקֶּדֶם(모차오타이오 미케뎀)[옛날로부터 그의 기원]

מִקֶּדֶם מִימֵי עוֹלָם (미케뎀 미메이 올람)[옛날 오랜 옛적부터]

קֶדֶם (케뎀)[앞쪽 동쪽 사전(事前) 옛날]

from of old from everlasting (KJV)

from of old from ancient days (RSV)

瓦古(文理) 從瓦古從太初-아주 옛날 태초부터(統一)

昔(むかし)からいにしえの日(ひ)から-옛날 옛적부터(聖書)

상고(上古) [오랜 옛날]

원어에 접근하여 [아주 옛날]로 한다.
"그의 근본은 아주 옛날 태초부터니라."

안연(晏然)

וְיָשְׁבוּ שֵׁם יְהוָה אֱלֹהָיו

그들로 안연히 거하게 할 것이라
(미가서 5 : 4)

יָשָׁבוּ(야샤부)[그들이 거한다.]

וְיָשָׁבוּ שֵׁם יְהוָה אֱלֹהָיו(쉠 야웨 엘로헤이누 웨 야샤브)
[그들의 야웨의 이름으로 그들이 거할 것이다.]
shall be abide(KJV) dwell secure-안전히 晏然(統一)
安(やす)らかにおらせる(聖書)
안연(晏然) [평안하고 안정됨]

dwell secure-안전히(RSV) 聖書에서 安(やす)らかに-안전하게 등으로 번역하고 있으나 원문에는 이에 해당하는 안연이란 말이 없다. 의역적(意譯的) 첨가로 본다.

꼭 안연을 첨가해야 한다면 [편히]로 대신하고 싶다.

"그들로 편히 살게 할 것이라"

분한(忿恨)

וְעָשִׂיתִי בְּאַף וּבְחֵמָה נָקָם אֶת־הַגּוֹיִם אֲשֶׁר לֹא שָׁמֵעוּ

내가 또 진노와 분한으로 청종치 아니한 나라에 갚으리라 하였느니라
(미가 5 15)

אַף (아프) [콧구멍. 코. 얼굴. 분노] **חֵמָה**(헤마)[열. 격노 타는 분노]

וְעָשִׂיתִי בְּאַף וּבְחֵמָה (웨아시티 베아프 우베헤마)

[내가 분노와 격분으로 행할 것이다.]

in anger and fury -분노와 격분(KJV)
in anger and wrath - 분노와 복수심(RSV)
怒震(文理) 忿怒(統一) 憤(いき)といかり(聖書)
분한(忿恨)[분하고 한이 됨]

בְּאַף וּבְחֵמָה(베아프 우베헤마)[분노로 그리고 격노로]
원문은 몹시 분해서 격분한 상태를 말한다.
[분한]을 [격분]으로 [갚으리라]를 [보복하리라]로 어감을 강하게 주어본다.
"내가 또 진노와 격분으로 청종치 아니한 나라에 보복하리라

정명(定名)

וְהֻצַּב גֻּלְּתָה הֹעֲלָתָה

정명대로 왕후가 벌거벗은 몸으로 끌려가며
(나훔 2 : 7)

הֻצַּב(후차브)[그것이 결정되어 진다]

Huzzab shall be led away captive.- Huzzab 원문의 הֻצַּב를 그대로 옮김(KJV)
she is carried off- 정명에 해당하는 말이 없음.(RSV)
정명이 언급되지 않음(文理) 此乃命定之事-이것이 정해진 운명(統一)
その王妃(おうび)は裸(はだか)にされて捕(とら)われゆき(聖書)-[정명]의 언급은 없다.
정명(定名) [태어날 때 정해진 운명. 전세의 인연에 정해진 목숨(宿命)]

원문의 הֻצַּב(후차브)는 어원불명으로 되어 있다. הֻצַּב(후차브)[그것이 결정되어 진다]를 살려 [정해진 대로]라고 번역해 본다.
"정해진 대로 왕후가 벌거벗은 대로 끌려가며-"

간악(姦惡)

לָ֤מָּה תַרְאֵ֨נִי אָ֙וֶן֙ וְעָמָ֣ל תַּבִּ֔יט וְשֹׁ֥ד
어찌하여 나로 간악을 보게 하시며 패역을 목도하게 하시나이까.
(하박국 1 : 3)

אָ֙וֶן֙(아웬)[고생. 근심. 걱정. 슬픔. 연약함. 우상숭배. 죄악의 고난. 악함]
본문에서는 [악함.]

לָ֤מָּה תַרְאֵ֨נִי אָ֙וֶן֙ וְעָמָ֣ל(라마 타르에니 아웬 웨아말)[어찌 내가 악과 패역을 보는가]

iniquity -부정. 죄악(KJV) wrong -나쁜. 부정. 틀린.(RSV)
罪孽(統一) よこしま-부정한 생각(聖書)
간악(姦惡)[간사하고 나쁨 (邪惡. 奸曲)]-(漢韓大辭典.)
(奸惡 간사하고 악독함-國語辭典)

간악(姦惡)과 간악(奸惡)은 엄밀한 의미에서 별 차이가 없는 말이다. 일상 간악(奸惡)을 더 많이 쓴다. 원어적 접근에서도 [간악(奸惡)]은 무리가 없다.
"어찌하여 나로 간악(奸惡)을 보게 하며--"

목도(目睹)

לָ֤מָּה תַרְאֵ֨נִי אָ֙וֶן֙ וְעָמָ֣ל
어찌하여 나로 간악을 보게 하시며 패역을 목도하게 하시나이까.
(하박국 1 : 3)

תַרְאֵ֨נִי(타르에니)[내가 본다. 나로 하여금 보게 한다.]

רְאֵה(라아)[보다. 보아서 알다]

show me(KJV) make me see(RSV) 使我目覩(文理) 觀著(統一)
見(み)せ-보게하다(聖書)
목도(目睹)[목격(目擊) 눈으로 직접 보게 함(목견(目見)]

[직접 보게 하다][바라보게 하다] 등 쉬운 말로 바꾸어 재 번역해 본다.
"어찌하여 나로 하여금 간악한 것과 도리에 어긋난 것들을 직접 보게 하시나이

까."

위령(威令)

אים וְנוֹרָא הוּא מִמֶּנּוּ מִשְׁפָּטוֹ וּשְׂאֵתוֹ יֵצֵא

그들은 두렵고 무서우며 심판과 위령이 자기로 말미암으며
(하박국 1 : 7)

שְׂאֵת(쉐아트)[높임. 위엄. 돌출부. 일어남. 돋다]
dignity -존엄 위엄(KJV)(RSV) 威武(文理) 威可畏(統一)
威嚴(いけん)(聖書)
위령(威令) [위엄 있는 명령]

원문의 **שְׂאֵת**(쉐아트)의 [위엄]을 살려 [위령]을 대체해 본다.
"그들은 두렵고 무서우며 심판과 위엄이 자기로 말미암으며"

잔해(殘害)

כִּי חֲמַס לְבָנוֹן יְכַסֶּךָּ וְשֹׁד בְּהֵמוֹת

짐승을 두렵게 하며 잔해한 것
(하박국 2 : 17)

שֹׁד. שׁוֹד(쇼오드)[폭력. 격렬함. 대파괴. 황폐. 유린. 참화. 파멸]
spoil(KJV) destruction(RSV) 殘害(統一) 滅亡(めつぼう)(聖書)
잔해(殘害) [(殘人害物) 사람과 물건을 해침]

잔해의 쉬운 말로는 [해코지]를 들 수 있다.
"짐승을 두렵게 하며 해코지한 것"

전율(戰慄)

רָאָה וַיַּתֵּר גּוֹיִם

그가 보신즉 열국이 전율하며
(하박국 3 : 6)

יַתֵּר גּוֹיִם(야타르 꼬임)[나라들이 놀라 벌떡 일어날 것이다]

נתר (나타르)[뛰다. 놀라 펄쩍 뛰다. 뛰어오르다]

drove asunder - 산산이 흩어져(KJV) shock (RSV)
戰慄(文理) 趕散萬民(統一) (趕 꼬리치고 달아날 간)
おのの-부들부들 떨다(聖書)
전율(戰慄) [두려워서 몸이 벌벌 떨림]

[전율]은 흔히 쓰는 말이나 보편적으로 쓸 수 있는 말로 바꾼다면 순수 우리말 [벌벌 떨다]를 택하고 싶다.
"그가 보신즉 열국이 벌벌 떨며-"

창수(漲水)

רָאוּךָ יָחִילוּ הָרִים זֶרֶם מַיִם

산들이 주를 보고 흔들리며 창수가 넘치고
(하박국 3 : 10)

זֶרֶם מַיִם(제렘 마임)[물이 쏟아부어졌다]

מַיִם(마임)은 מַי(마이)의 복수로서 물을 뜻하며 복수로만 쓰인다.

מַיִם(마임)[샘. 샘들. 물. 물들. 시내]

זֶרֶם מַיִם (제렘 마임)을 [창수가 넘치고]로 번역했다.

다른 말로는 [물이 넘쳤다]이다. 다른 번역들을 본다.
overflow(KJV) raging water -raging 맹위를 떨치는 (RSV)
洪水(文理) 大水(統一) 荒(あ)れ狂(くる)う水(みす)(聖書)
창수(漲水) [강물이 불어서 넘침. 홍수(洪水)]

[창수가 넘치고]에서 [창수]나 [홍수]는 그 자체가 물이 넘침을 뜻하고 있으므로 [물들이 넘치고]로 바꾸는 게 적절하겠다.
"산들이 주를 보고 흔들리며 물들이 넘치고"

후욕(詬辱)

שָׁמַעְתִּי חֶרְפַּת מוֹאָב וְגִדּוּפֵי בְּנֵי עַמּוֹן

내가 모압의 훼방과 암몬자손의 후욕을 들었나니
(스바냐 2 : 8)

וְגִדּוּפֵי בְּנֵי עַמּוֹן(웨기두페이 베네이 암몬)[그리고 암몬자손의 욕하는 것들을]

גִּדּוּף (끼뚜우프)[욕설]

reviling -revile 욕하다(KJV)(RSV)
凌辱(文理) 辱罵(統一)(罵-꾸짖을 매 욕설할 매)
ののしり(聖書)
후욕(詬辱) [꾸짖고 욕함]

후욕(詬辱)을 알기 쉬운 말 {욕설]로 바꾼다.
내가 모압의 훼방과 암몬 자손의 욕설을 들었나니"

쇠진(衰盡)

נוֹרָא יְהוָה עֲלֵיהֶם כִּי רָזָה אֵת כָּל־אֱלֹהֵי הָאָרֶץ

여호와가 그들에게 두렵게 되어서 세상의 모든 신을 쇠진케 하리니
(스바냐 2 : 11)

רָזָה(라자)[여위다. 마르다. 쇠진케 하다. 굶주리게 하다]

famish -굶주림(KJV)(RSV) 瘦弱(統一)(瘦 파리할 수)
飢(う)えさせられる-굶주리게 한다(聖書)
쇠진(衰盡) [기운이나 세력이 쇠하여 다함]

[쇠하여 없어지게 하다]로 바꾸어 본다.
"-세상의 모든 신을 쇠하여 없어지게 하리니"

위인(爲人)

נְבִיאֶיהָ פֹּחֲזִים אַנְשֵׁי בֹּגְדוֹת

그 선지자들은 위인이 경솔하고 간사한 자요
(스바냐 3 : 4)

פֹּחֲזִים אַנְשֵׁי בֹּגְדוֹת(포하짐 아네쉐이 뽀게도트)
[반역하는 자들의 남자로 방자한 자들]
Her prophets are light and treacherous person- treacherous -배반의 믿을 수 없는 (KJV)
Her prophets are wanton faithless men -wanton -변덕스러운 음탕한 (RSV)
驕泰誕妄(文理) 虛浮詭詐的人(統一)放縱(ほうじゆ)で僞(いつわ)りびと(聖書)
위인(爲人)[사람의 됨됨이]

원문에는 직접 [위인]을 번역할 말이 없다.

פֹּחֲזִים(포하짐)[방자한 자들] **בֹּגְדוֹת**(보게도트)[반역하는 자들]

אַנְשֵׁי(아네쉐이)[의 남자들]

위의 단어들의 조합에서 [반역하는 방자한 남자들]의 뜻을 살려[위인]을 첨가한 것 같다. 그러므로 [위인]을 빼도 괜찮으나 [위인]을 다른 말로 살리면 [사람 됨]으로 할 수 있다.
"그 선지자들은 사람됨이 경솔하고 간사한 자들이요"

첩(疊)

וָמַעְלָה מִטֶּרֶם שׂוּם־אֶבֶן אֶל־אֶבֶן בְּהֵיכַל יְהוָה

-여호와의 전에 돌이 돌 위에 첩 놓이지 않았던 때를 추억하라.
(학개서 2 : 15)

שׂוּם־אֶבֶן אֶל־אֶבֶן(숨 에벤 알에벤)[돌 위에 돌을 쌓다.]

a stone was laid upon a stone - lay. (KJV)
a stone was placed upon a stone- place. (RSV)
疊(文理) 壘(統一) (疊 -거듭 첩. 壘 토성 유(루)
石(いし)の上(うえ)に石(いし)が積(つま)れなかった.-積(つま)む.(聖書)
첩(疊)[거듭 놓다. 쌓다. 포개다.(pile up)](漢韓辭典)
첩(疊)- 우리말 대사전에도 없는 희귀한 한문 투의 말일 뿐만 아니라 원어에도 사용하지 않는 말이다.

שׂוּם־אֶבֶן אֶל־אֶבֶן(숨 에벤 알에벤)[돌위에 돌을 놓다]

שׂוּם(숨)-[놓다. 두다] אֶבֶן(에벤)[돌]. אֶל־אֶבֶן(알-에벤)[돌 위에].

[돌 위에 돌을 쌓다]로 고쳐 어색하게 중복되는 [첩]을 피할 수 있다.
"여호와의 전에 돌 위에 돌을 쌓지 않았던 때를 추억하라"

열조(烈祖)

אֲבוֹתֵיכֶם אַיֵּה־הֵם

너희 열조가 어디 있느냐
(스가랴 1 : 5)

אֲבוֹתֵיכֶם(아보타이켐)[너희의 선조들.(조상들)]

אָב(아브)- [아버지. 부친의 조상. 창시자].

אבוֹת(아보트)[아버지들. 즉 조상들].

이스라엘의 전통은 아버지 아들 2대를 반복함으로 할아버지라는 호칭이 없다.
fathers(KJV)(RSV) 烈祖(文理)(統一) 先祖たち(聖書)
열조(烈祖)[①대대의 임금의 시대. ②공훈과 업적이 있는 조상.
a contributed ancestor. 열성조(列聖朝)-여러 임금의 시대.]
선조(先朝) [이전의 왕조. 선조(先祖)-① 한 가계의 웃 조상. 같은 혈통인 먼 대(代)의 조상.an ancestor ② 조상(祖上)]

히브리어에서 אֲבוֹתֵיכֶם(아보타이켐)은 왕조 뿐 아니라 일반적인 조상을 지칭하고 있으므로 한정된 의미의 열조(烈祖)보다는 일반적 의미의 조상(祖上)이 낫겠다.
"-너희 조상들이 어디 있느냐"

전례(傳例)

אַךְ דְּבָרַי וְחֻקַּי אֲשֶׁר צִוִּיתִי אֶת־עֲבָדַי הַנְּבִיאִים הֲלוֹא הִשִּׂיגוּ אֲבֹתֵיכֶם

내가 종 선지자들에게 명한 내 말과 내 전례들이 어찌 네 열조에게 임하지 아니하였느냐(스가랴 1 : 6)

דְּבָרַי וְחֻקַּי(데브라이 웨후카이)[나의 말과 나의 규정들]

חֹק(코크)[규정된 것. 법령. 규정. 습관. 율법 등의 의무 법령. 정해진 몫. 한계. 경계선.]
statutes -법령 규정 규칙 법규 정관.(KJV)(RSV)
傳命(文理) 律例(統一) 定(さた)め(聖書)
전례(傳例) 우리말 사전과 漢韓사전에도 없음.

חֹק (코크)에 바탕 하여 전례를 삭제하고 [규례]로 대신한다.
"내가 내 종 선지자들에게 명한 내 말과 내 규례들이 어찌 네 열조에게 임하지 아니하였느냐"

정온(靜穩)

וְהִנֵּה כָל־הָאָרֶץ יֹשֶׁבֶת וְשֹׁקָטֶת
온 땅이 평안하여 정온하더이다.
(스가랴 1 : 11)

שׁקט(샤카트)[잠잠하다.평화롭다.종용하다. 평온하다. 마음이 편하다 가라앉다. 한가하다.]
rest(KJV)(RSV) 安佚無-(佚 편안할 일)(文理) 安息平靜(統一)
平穩(へいあん)(聖書)
정온(靜穩)[환경이나 분위기가 고요하고 평온함.]

שָׁקַט(샤카트)의 [잠잠하다. 평온하다]에 접근하여 [조용하다]로 한다.
"-온 땅이 평안하며 조용하더이다."

고가(雇價)

וַיִּשְׁקְלוּ אֶת־שְׂכָרִי שְׁלֹשִׁים כָּסֶף

그들이 곧 은 삼십을 달아서 내 고가를 삼은지라
(스가랴 11 : 12)

וַיִּשְׁקְלוּ אֶת־שְׂכָרִי שְׁלֹשִׁים כָּסֶף(와이슈켈루 에트 세카리 쉘로심 카세프)
[그들이 은 삼십을 나의 보상으로 달았다.]
שְׂכָרִי(세카리)[나의 보상] שָׂכָר(사카르)[고용 삯. 보상 상금]
price(KJV) wage(RSV) 値(文理) 工價(統一) 賃銀(ちんぎん)(聖書)
고가(雇價)[품삯]

순수 우리말 [품삯]을 택한다.
"그들이 곧 은 삼십을 달아서 내 품삯을 삼은지라"

준가(準價)

הַשְׁלִיכֵהוּ אֶל־הַיּוֹצֵר אֶדֶר הַיְקָר אֲשֶׁר יָקַרְתִּי מֵעֲלֵיהֶם
그들이 나를 헤아린 바 그 준가를 토기장이에게 던지라 하시기로
(스가랴 11 : 13)

יָקַר(야카르)[귀중하다. 높이 평가되다. 존중되다. 달게 되다.]
יְקָר(예카르)[귀중함. 가치. 영예]
goodly price(KJV) lordly price(RSV) 價(文理) 美好的價値(統一)
尊(たっと)い價(あたい)(聖書)
준가(準價)[제 값어치에 꼭 찬 값]

[제값] 또는 [마땅한 값]으로 문장을 조화시킨다.
"그 마땅한 값을 토기장이에게 던지라 하시기로"

혼취(昏醉)

הִנֵּה אָנֹכִי שָׂם אֶת־יְרוּשָׁלִַם סַף־רַעַל לְכָל־הָעַמִּים סָבִיב

보라 내가 예루살렘으로 그 사면 국민에게 혼취케 하는 잔이 되게 할 것이라
(스가랴 12 : 2)

סַף־רַעַל(사프 라알)[비틀거리는 잔]

רַעַל(라알)[비틀거림. 휘청거림. 에워싸임.]

trembling(KJV) reeling(RSV) 酩酊(文理) 昏醉(統一)
よろめかす杯(さかすき)-비틀거리는 잔(聖書)
혼취(昏醉)[정신을 못 차릴 정도로 술에 취함]

[취하여 정신을 잃게 하는 잔]으로 풀어본다.
"-그 사면 국민에게 취하여 정신을 잃게 하는 잔이 되게 할 것이라"

가납(嘉納)

הֲיִרְצְךָ אוֹ הֲיִשָּׂא פָנֶיךָ אָמַר יְהוָה צְבָאוֹת

그가 너를 기뻐하겠느냐 너를 가납하겠느냐(말라기 1 : 8)

הֲיִשָּׂא פָנֶיךָ(하잇사 파네이카)[너의 얼굴을 취한다]

הֲיִשָּׂא(하잇사)[그가 취할 것이다.]

נשׂא(낫사-)[들다. 들어올리다. 운반하다. 취하다. 가지다]

accept thy person(KJV) show you favor(RSV)
豈納(豈-즐거울 개)(文理). 豈能看你情面麽 -네 얼굴을 기꺼이 보겠느냐(統一)
受(うけ)いれる-받아들이다.(聖書)
가납(嘉納) [기꺼이 받아들임]

[기겁게 대하다] [반겨 맞다] 등 달리 표현할 수 있겠다.[기꺼이 맞다]가 적절.
"그가 너를 기뻐하겠느냐 너를 기꺼이 맞아 주겠느냐"

번폐(煩弊)

וַאֲמַרְתֶּם הִנֵּה מַתְּלָאָה וְהִפַּחְתֶּם אוֹתוֹ

너희가 또 말하기를 이 일이 얼마나 번패스러운고 하며 코웃음하고
(말라기 1 : 13)

מַתְּלָאָה וְהִפַּחְתֶּם(마텔라아 웨히파흐템)[무슨 따분한 일인가 하고 코웃음 친다]

תְּלָאָה(텔라아)[피곤. 권태. 지루함. 고난. 고초. 곤란. 곤경]

weariness(KJV)(RSV) 何益之有(文理) 煩瑣(統一) 煩(わずら)わしい(聖書)
번폐(煩弊)[번거로운 폐단]

[번거롭다]로 번역해 본다.
"너희가 또 말하기를 이 일이 얼마나 번거로운가 하며 코웃음하고"

편벽(偏僻)

כְּפִי אֲשֶׁר אֵינְכֶם שֹׁמְרִים אֶת־דְּרָכַי

율법을 행할 때에 사람에게 편벽되이 하였으므로
(말라기 2 : 9)

אֵינְכֶם שֹׁמְרִים אֶת־דְּרָכַי(에네켐 쇼매림 에트데레카이)
[나의 도를 너희가 제대로 지키지 않았다.]
원문에 편벽을 지적할 말이 없다.
have been partial in the law(KJV)(RSV) 偏視我法(文理) 不守我的道(統一)
人(ひと)にかたよった (聖書)
편벽(偏僻)[한쪽으로 치우침]

일반적으로 널리 쓰는 말로는[편협하다] [사람에 따라 차별하다]

원어에 입각해서 좀더 구체적으로 부연해 본다.
"율법을 제대로 지키지 않고 사람에 따라 차별하였으므로"

유여(有餘)

וְלֹא־אֶחָד עָשָׂה וּשְׁאָר רוּחַ לוֹ

여호와는 영이 유여하실지라도 오직 하나를 짓지 아니하셨느냐
(말라기 2 : 15)

שְׁאָר(쉐아르)[남다. 남기다. 여분이 있다. 나머지. 찌꺼기. 잔여]
[그에게 남아있는 영으로 또 하나를 짖지 아니하였느냐]

וְלֹא־אֶחָד עָשָׂה וּשְׁאָר רוּחַ לוֹ(베로-엑하드 앗사 우쉐아르 루악흐 로)

וְלֹא־אֶחָד עָשָׂה(베로 엑하드 앗사)[하나를 만들지 않았느냐]

וּשְׁאָר רוּחַ לוֹ(우쉐아르 루악흐 로)[또 그에게 남은 영으로]

the residue of the spirit. -residue -잉여. 나머지(KJV)
sustained for us the spirit of life.- 버티다. 지속하다 (RSV)
有餘(文理) 有靈的餘力(統一)
一(ひと)つ神(かみ)はわれわれのために命(いのち)の靈(れい)を造(つく)り(聖書)
聖書에는 [有餘]에 해당하는 말이 없다.
유여(有餘)[어떤 수의 남짓 그 이상의 뜻을 나타냄]

[남아돌다]로 풀이해 본다.
"여호와는 영이 남아돌지라도"

4. 원어의 하나님 명칭
-**אלהים**(엘로힘), **יהוה**(야웨), **אל**(엘) Θεος(데오스)

하나님의 명칭 **אלהים**(엘로힘), **יהוה**(야웨), **אל**(엘) Θεος(데오스)에 관하여 성경

원어에서 그 의미를 찾아본다.

신약에서 하나님을 Θεος(데오스)로 표기하는 것은 구약의 אלהים(엘로힘)을 번역한 것임을 밝히면서 구약에서 언급된 하나님의 여러 가지 명칭들에 대하여 상고하기로 한다.

하나님의 명칭이 최초로 명시된 것은 창세기 1 장 1절이다.

בְּרֵאשִׁית בָּרָא אֱלֹהִים אֵת הַשָּׁמַיִם וְאֵת הָאָרֶץ

하에레츠 베에트 하샤마임 에트 엘로힘 빠라 빼레쉬트
태초에 하나님이 천지를 창조하시니라(창세기 1 :1)

하나님을 אלהים(엘로힘)으로 명기하고 있는바 일반적으로 신을 지칭하는 אל(엘)과 구별하여 복수형 אלהים(엘로힘)으로 우리가 섬기는 유일하신 하나님을 뜻하고 있다.

하나님의 고유하신 이름을 יהוה(야웨)로 일컫는 최초의 기록은 창세기 2 : 4절이다

אֵלֶּה תוֹלְדוֹת הַשָּׁמַיִם וְהָאָרֶץ בְּהִבָּרְאָם בְּיוֹם עֲשׂוֹת יְהוָה אֱלֹהִים אֶרֶץ וְשָׁמָיִם

베샤마임 아레츠 엘로힘 야웨 아소트 바욤 빼히빠레암 베하아레츠 하샤마임 톨도트 엘레
여호와 하나님이 천지를 창조하신 때에 천지의 창조된 대략이 이러 하니라
(창세기 2 : 4)

그 유래는 출애굽기 3 : 14에 처음으로 밝히고 있다.

וַיֹּאמֶר אֱלֹהִים אֶל־מֹשֶׁה אֶהְיֶה אֲשֶׁר אֶהְיֶה

에흐예 아쉐르 에흐예 엘-모쉐 엘로힘 와요메르
하나님이 모세에게 이르시되 나는 스스로 있는 자니라
(출애굽기 3 : 14)

יהוה(야웨)라는 명칭은 היה(하야 이다, 있다. to be)라는 동사에 기원하여

אֶהְיֶה אֲשֶׁר אֶהְיֶה(에흐예 아쉐르 에흐예)[나는 스스로 있다].
스스로 계시는 분 즉 영원자존하신 분이심을 하나님께서 친히 밝히신다.

זֶה־שְּׁמִי לְעֹלָם וְזֶה זִכְרִי לְדֹר דֹּר

또드 레또드 지크리 웨제 라올람 제-쉐미

이는 나의 영원한 이름이요 대대로 기억할 나의 표호니라

(출애굽기 3 : 15)

זֶה־שְּׁמִי לְעֹלָם(제하쉐미 레올람)[이는 영원한 이름이다]

וְזֶה זִכְרִי לְדֹר דֹּר(웨제 지크리 레도르 도르)[그리고 이것은 대대로 기억될 것이다.]

יהוה(야웨)는 대대에 기억할 영원한 이름이라 명시했다.

אלהים(엘로힘)과 יהוה(야웨)를 분변하고 אלהים(엘로힘)과 אל(엘)에 대하여 참고로 장국원 교수의 설명을 다음과 같이 요약해 본다.

-고대 근동의 문화에서 대부분의 셈족어에서 אל(엘) אלן(엘론) אלוה(엘로하), ilum, ilu(일룸)으로 같은 자음 어근을 가졌다. 이스람교의 코오란에서 알라신을 말할 때 알라는 고유한 신의 이름이 아니고 단순히 신이라는 보통명사가 알라라는 고유명사로 기능변화를 한 것이다.

창세기 1 장 1절에서 하나님을 단수형 אל(엘)로 표기하지 않고 복수형인 להים א(엘로힘)으로 한 것은 하나님의 포괄성을 시도한 것이라 보겠다. 이는 삼위일체 하나님에 대한 착상도 타당한 이유라 하겠고 복수형태를 존엄의 복수(pluralis amjestis)로 보아 모든 피조물은 하나님께서 창조하신 것임으로 사람이 그 피조물을 신격화 할 수 없다는 것을 암시하면서 모든 창조와 역사과정의 실재가 삼위일체 하나님이심으로 단수 기능의 אל(엘)을 복수기능의 אלהים(엘로힘)으로 나타내고 있는 것으로 본다.-

1) יהוה(야웨)에 따른 별칭

하나님의 명칭에 있어서 אל(엘)은 일반적으로 신(神)을 가리키며 אלהים(엘로힘)은 우리가 믿고 있는 유일신(唯一神)이신 יהוה(야웨)를 일컫는다. אל(엘)은 단수형이며 אלהים (엘로힘)은 복수형으로서 일반적으로 지칭하는 신에 대하여 절대 완전하심을 내포하고 있다.

יהוה(야웨)로 호칭되는 고유하신 이름은 하나님께서 친히 자칭하신 것으로서 히브리어 동사 היה(하야)에서 근원하게 된다. היה는 이다, 있다(to be)를 뜻하며 과거와 미래와 현재에 걸쳐 영원토록 스스로 계심을 선언 하신다. 이를 모세에게 밝혀 말씀하시기를

וַיֹּאמֶר אֱלֹהִים אֶל־מֹשֶׁה אֶהְיֶה אֲשֶׁר אֶהְיֶה

에흐예 아쉐르 에흐예 모쉐 엘 엘로힘 와요메르

하나님이 모세에게 이르시되 나는 스스로 있는 자니라

(출애굽기 3 ; 14)

히브리어에서 יהוה 의 네 문자 중 ה(헤)는 묵음인데도 그 음가를 살려 음역한 것이 여호와(Jehovah)로 일컬어진 유래로 보고 있다. 따라서 우리 성경에 여호와는 어떤 논란의 여지없이 야웨로 바로잡는 것이 마땅하겠다.

성경에는 יהוה의 명칭에 따른 기능적 의미를 지닌 여러 가지 명칭이 있다.

יהוה יראה(야웨 이레) : 준비하시는 하나님.

아브라함이 모리아 산에서 이삭을 제물로 바치기 위해 제단에 올려놓고 칼을 들었을 때 그 아이에게 손을 대지 말라는 사자의 음성과 함께 검불 속에 뿔이 걸린 수양을 발견하게 된다. 이 때 아브라함은 이삭을 대신하여 짐승을 제물로 바치고는 예비하시는 하나님을 찬양한다

.יראה(이레)[준비한다. 보인다.]

וַיִּקְרָא אַבְרָהָם שֵׁם־הַמָּקוֹם הַהוּא יְהוָה יִרְאֶה

이르에 야웨 하후 하마콤 셈 아브라함 와이크라

아브라함이 그 땅 이름을 여호와이레라 하였으므로

(창세기 22 : 14)

רפא יהוה(야웨 라파) : 치료의 하나님.

마라의 쓴물을 단물로 만들어 이스라엘 백성들의 갈증을 해소하게 하신 하나님께서 그 백성들이 하나님의 말씀을 듣고 따르기만 하면 애굽에 내렸던 질병의 어느 하나도 내리지 아니하실 것을 약속하시며 치료의 하나님이심을 밝히신다.

רפא(라파아)[고치다. 치료하다] **רֹפְאֶךָ**(로페크)[너를 치료한다.]

אֲנִי יְהוָה רֹפְאֶךָ

로페에카 야웨 아니

나는 치료하는 여호와임이니라

(출애굽기 15 : 26)

יהוה נסי (야웨 닛시) : 야웨는 나의 깃발 즉 승리를 표상 한다.

전쟁에 나갈 때 야웨의 이름 그 깃발을 들고 나가면 반드시 승리함으로 그것은 승리를 거두는 깃발이었다. 르비딤에서 아말렉 군대와 싸워 승리하자 모세가 그 곳에서 단을 쌓고 외친다.

נסי(닛시)[나의 깃발] **נס**(네쓰)[깃발. 기. 기둥. 신호.]

וַיִּבֶן מֹשֶׁה מִזְבֵּחַ וַיִּקְרָא שְׁמוֹ יְהוָה נִסִּי

닛시 야웨 쉬모 와이크라 미즈배카 모세 와이밴

모세가 단을 쌓고 그 이름을 여호와닛시라 하고

(출애굽기 17 : 15)

יהוה שלום (야웨 샬롬) : 야웨는 평강이시라.

기드온이 포도주 틀에서 밀을 타작하고 있을 때 하나님의 사자가 그에게 나타나 미디안 족속을 물리치고 이스라엘 백성들을 구원하라는 지시를 받는다. 기드온이 하나님의 사자를 대면한 것을 깨닫고 여호와여 내가 여호와의 사자를 대면하였나이다. 두려워 떨 때 여호와께서 말씀하시기를 안심하라 두려워 말라 죽지 아니하리라 하신 그 말씀으로 그에게는 평안이 임했다.

שלום(샬롬)[평안. 화평]

וַיִּבֶן שָׁם גִּדְעוֹן מִזְבֵּחַ לַיהוָה וַיִּקְרָא־לוֹ יְהוָה שָׁלוֹם

샬롬 야웨 로 와이크라 르야웨 미즈베카 기드온 샴 와이크라

기드온이 여호와를 위하여 거기서 단을 쌓고 이름을 여호와샬롬이라 하였더라

(사사기 6 : 24)

יהוה רעה(야웨 라아) : 목자이신 야웨.

양무리를 이끌어 잔잔한 물가로 푸른 초장으로 이끌어 주는 목자를 연상하며 다윗이 하나님을 시로 찬양한다.

רֹעִי(로이)[나의 목자] **יהוה**(야웨) **יהוה רעה**-[나의 목자이신 야웨]

רעה(라아)[① 방목하다. -을 돌보다 ② 다스리다.③ 먹이다. ④ 풀을 뜯다. ⑤ 기뻐하다.]

יְהוָה רֹעִי לֹא אֶחְסָר

애카싸르 로 로이 야웨

여호와는 나의 목자시니 내가 부족함이 없으리로다

(시편 23 : 1)

יְהוָה צִדְקֵנוּ (야웨 치드케누) : 야웨는 우리의 의(義).

목자 잃은 양과 같이 유리 방랑하는 이스라엘백성들을 위하여 다윗을 세워 정의와 공평으로 나라를 다스릴 것을 예레미야 선지자를 통하여 예언하면서 이스라엘이 구원을 얻어 평안을 누릴 것을 선포한다.

צדכנו(치드케누)[우리의 의) **צדק**(체데크)[의로움. 공정. 정확.]

בְּיָמָיו תִּוָּשַׁע יְהוּדָה וְיִשְׂרָאֵל יִשְׁכֹּן לָבֶטַח וְזֶה־שְּׁמוֹ

쉬모 하재 라배태카 이슈콘 와이스라엘 여후다 티라샤 배야마이오

그의 날에 유다는 구원을 얻겠고 이스라엘은 평안히 거할 것이며 그 이름은

אֲשֶׁר־יִקְרְאוֹ יְהוָה צִדְקֵנוּ

차두캐누 야웨 이크로 아셰르
여호와 우리의 의라 일컬음을 받으리라(예레미야 23 : 6)

יהוה שמה (여호와 샴마) : 야웨께서 거기 계시다.

불충한 그의 백성들을 버리고 도성을 떠나셨던 하나님은 다시 그 백성들이 거하는 성읍으로 돌아와 은총을 베풀고 영광을 나타내시며 영원히 거기 머물러 계신다.

שמה(샴마)[거기 저기]

וְשֵׁם־הָעִיר מִיּוֹם יְהוָה שָׁמָּה
샴마 야웨 미욤 하이르 베솀
그날 후로는 그 성읍의 이름을 여호와 샴마라 하리라
(에스겔 48 : 35)

יְהוָה צְבָאוֹת(야웨 체바오트) : 만군의 여호와.

이스라엘 백성들의 신앙관에서 군의 최고 통수권자는 하나님이시다. 성경에서 최초로 [만군의 여호와]의 기록은 사무엘 상 1 장 3 절이다.

צְבָאוֹת(체바오트)(복수)[만군. 만군의 (여성복수 연계형)]

צבא(차바-)(단수)[군대. 군세. 전쟁 전투. 많은 사람. 많은 때])

לְהִשְׁתַּחֲוֹת וְלִזְבֹּחַ לַיהוָה צְבָאוֹת
제바오트 라야웨 베리제보악흐 레히슈타하오트
만군의 여호와께 경배하며 제사를 드렸는데
(사무엘상 1 : 3)

다윗이 만군의 여호와와 함께 한다

וַיהוָה אֱלֹהֵי צְבָאוֹת עִמּוֹ
이모 체바오트 엘로헤이 와야웨
만군의 여호와 하나님께서 함께 계시니
(사무엘하 5 : 10)

엘리야도 갈멜산에서 만군의 여호와의 이름으로 아합왕을 응징한다.

וַיֹּאמֶר אֵלִיָּהוּ חַי יְהוָה צְבָאוֹת אֲשֶׁר עָמַדְתִּי לְפָנָיו

레파나이우 아마드티 아쉘 체바오트 야웨 하이 에리야후 와요메르
엘리야가 이르되 내가 모시는 만군의 영호와의 사심을 가리켜 매세하노니
(열왕기상 18 : 15)

말라기 선지자도 만군의 여호와의 이름으로 백성들을 경책한다.

אָמַר יְהוָה צְבָאוֹת

체바오트 야웨 아마르
만군의 여호와가 이르노라
(말라기 1 :- 3 ;)

2)**אלהים**(엘로힘)에 따른 별칭

하나님의 명칭은 **אלהים**(엘로힘)으로 복수형을 쓴 것은 모든 신은 자기 자신 안에 포함하고 있으며 신의 완전함을 포함하고 있다는 의미를 가진다.
יהוה(야웨}는 그 고유명사로서 **אלהים**(엘로힘)과 동일한 분으로 절대적인 하나님이시자 역사와 자연의 주관자로서 그의 백성들에게 절대적인 복종과 자기만을 경배할 것을 친히 명하셨다.

אלהים(엘로힘)에 따른 별칭을 성경에서 찾아본다.
אל(엘)은 일반적으로 하나님 혹은 신을 가리키는 셈족의 총체적인 명칭임을 밝힌바 있다.
אל(엘)은 신의 속성을 나타내는 용어들과 결합된 복합어로서 자주 나타난다.

אל שדי(엘 솨다이) : 신들의 신.
하나님을 신들의 신으로 부른데서 유래한 이 명칭은 족장시대 숭배의 대상으로 부르는 이름이었다.
족장들의 우무머리 **אל**(엘)은 **שדי**(솨다이) 즉 신들의 신으로 지칭되었다. 족장시대 이후 **שדי**(솨다이)는 **יהוה**(야웨)와 동의어로 사용하기도 하며 전능자로 그 의미를 나타낸다. 성경에서 그 명칭의 근거를 출애굽기 6 장 3절에서 찾아본다.

וָאֵרָא אֶל־אַבְרָהָם אֶל־יִצְחָק וְאֶל־יַעֲקֹב בְּאֵל שַׁדָּי

솨다이 배엘 야아코브 베엘 이츠칵흐 엘 아브라함 엘 바에라

내가 아브라함과 이삭과 야곱에게 전능의 하나님으로 나타났으나

(출애굽기 6 : 3)

בְּאֵל שַׁדָּי(베엘솨다이)[전능의 하나님으로]

בְּאֵל שַׁדָּי וּשְׁמִי יְהוָה לֹא נוֹדַעְתִּי לָהֶם

라헴 노대아티 로 야웨 우쉬미 솨다이 배엘

나의 이름을 여호와로는 그들에게 알리지 아니하였고

(출애굽기 6 :3)

אל עליון(엘 엘욘) : 신들 중 가장 높은 신.

가나안의 용례에서 이 말은 가장 지고한 자, 신들 중 가장 높은 신인 **אל**(엘)을 가리키는 명칭이었다.

제사장 **מלכי־צדק**(멜기세댁)이 아브람에게 **אל־עליון**(엘 엘욘)의 이름으로 축복했다.

וַיְבָרְכֵהוּ וַיֹּאמַר בָּרוּךְ אַבְרָם לְאֵל עֶלְיוֹן קֹנֵה שָׁמַיִם וָאָרֶץ

바아래츠 샤마임 코네 엘욘 라엘 아브람 빠루쿠 바요매르 바예바르캐후

그가 아브람에게 축복하여 가로되 천지의 주재시오 지극히 높으신 하나님이여 아브람에게 복을 주옵소서 (창세기 14 : 19)

여기서 맬기세댁은 하나님을 천지의 주재요 지극히 높으신 **אל**(엘)로 부르고 있다.

אל־עליון(엘 엘욘) [천지의 주재요 지극히 높으신 하나님.]

구약성경에서는 이 명칭을 거의 사용하지 않고 있다. 다니엘서에서는 아람어로 기록한 부분(다니엘서 3 : 26 4 : 2 3 : 22 4 : 24 32, 34)에

אלהא עליא(엘라하 일라아)라는 형태로 여러 차례 나타나고 있다.

또 신약(막5 : 7 눅8 : 28, 행7 : 48, 16 : 17 히7 : 1)에서는 [휩토스]란 말로 몇 군데 사용되고 있다.

אל עולם(엘 올람) : 영원한 신.

고대 가나안 성소인 **באל שבע**(브엘세바)에 관련하여 영원하신 신으로 이 이름이 자주 등장한다.

וַיִּטַּע אֶשֶׁל בִּבְאֵרשָׁבַע וַיִּקְרָא־שָׁם בְּשֵׁם יְהוָה אֵל עוֹלָם

올람 엘 야웨 베솀 솀 와이크라 세바 바브엘 아세르 와이타

아브라함은 브엘세바에 에셀나무를 심고 거기서 영생하시는 하나님 여호와의 이름을 불렀으며 (창세기 21 : 33)

אל עליון(엘 엘욘)이 **אל**(엘)에게 적용되었던 바와 같이 하나님의 주권이 시간의 흐름에 관계없이 모든 시대를 초월하여 계속된다는 것을 의미한다.
시편에서는 이렇게 고백하고 있다.

בְּטֶרֶם הָרִים יֻלָּדוּ וַתְּחוֹלֵל אֶרֶץ וְתֵבֵל וּמֵעוֹלָם עַד־עוֹלָם אַתָּה אֵל

엘 아타 올람 아드 우메올람 베테벨 에레츠 와트홀렐 율라두 하림 뻬테림

산이 생기기전 땅과 세계가 주께서 조성하시기 전 곧 영원부터 영원까지 주는 하나님이시니 이다(시편 90 : 2)

מעולם ־ עד עולם 영원에서 영원까지

올람 아드 메올람

באל־ שבע 일곱 우물

세바 브엘

אל בת־אל(엘 벧엘) : 벧엘 성소에 나타나신 하나님.

창세기 35장 7절에 등장하는 명칭으로
אל שדי(엘 샤다이) **אל עולם**(엘 올람) **אל עליון**(엘 엘욘)과 마찬가지로 하나님의 명칭으로 사용되었다는 것을 BC 5세기 경에 발견된 엘레판틴 파피루스 문헌에서 밝히고 있다. 즉 **אל בֵּית־אל**(엘 벧엘)은 **בֵּית־אל**(벧엘)이라는 성소에

나타나신 하나님을 의미하는 것으로 번역하고 있다.

וַיִּבֶן שָׁם מִזְבֵּחַ וַיִּקְרָא לַמָּקוֹם אֵל בֵּית־אֵל

엘 베이트 엘 라마콤 와이크라 미즈베카 샴 와이뻰

כִּי שָׁם נִגְלוּ אֵלָיו הָאֱלֹהִים בְּבָרְחוֹ מִפְּנֵי אָחִיו

악히오 미프네이 베보륵후 하엘로힘 엘욘 니그루 샴 키

그가 거기서 단을 쌓고 그곳을 엘 벧엘이라 불렀으니 이는 그 형의 낯을 피할 때에 하나님이 그에게 거기서 나타나셨음이더라

(창세기 35 : 7)

אל ראי(엘 로이) : 나를 감찰하시는 하나님."

사라에게 방자했던 하갈이 사막에서 죽게 되었을 때 그녀의 생명을 지켜주신 **באר להי־ראי**(브엘 라해 로이)(창세기 16 : 14)라는 샘의 신의 명칭으로 기록되어 있다. 이 명칭은 환상의 하나님 또는 예언하시는 하나님으로 간주되기도 했다.

וַתִּקְרָא שֵׁם־יְהוָה הַדֹּבֵר אֵלֶיהָ אַתָּה אֵל רֳאִי כִּי

키 로이 엘 아타 엘라하 하또베르 야웨 셈 와티크라

אָמְרָה הֲגַם הֲלֹם רָאִיתִי אַחֲרֵי רֹאִי

로이 아카레이 라이티 할롬 하깜 아므라

하갈이 자기에게 이르신 여호와의 이름을 감찰하시는 하나님이라 하였으니 이는 내가 어떻게 여기서 나를 감찰하시는 하나님을 뵈었는고 함이라(창세기 16 : 13)

אל ברית(엘 브리트) : 계약의 하나님.

이 명칭은 여호수아가 세겜에서 장로들과 그의 백성들 앞에서 하나님을 대신하여 체결했던 계약동맹(여호수아 24 장) 이전에 이미 세겜 전승에 그 기록이 남아 있다. 이 전승은 "계약을 주관하는 **אל**(엘)이나 **בעל**(바알)"이라는 명칭에서 뿐 아니라 **חמר**(하몰) 사람들의 지배권을 통해서도 입증되었는데(사사기 9 : 28, 창

33 : 19, 34장) חמר(하몰 당나귀)이라는 용어는 마리 문서에서 알려져 있는바 계약을 체결하는 의식으로 당나귀를 살육하던 고대의 관습에서 유래된 것임을 알 수 있다. 따라서 세겜 전승은 이스라엘과 야웨 사이에 계약이 체결된 그 이전에 있었던 종교적 개념이 이스라엘 신앙에 융합된 것임을 확실히 밝히고 있다. 이 명칭은 구약성경 사사기 9 장 46절에 명기되어 있다.

וַיִּשְׁמְעוּ כָּל־בַּעֲלֵי מִגְדַּל־שְׁכֶם וַיָּבֹאוּ אֶל־צְרִיחַ בֵּית אֵל בְּרִית

브리이트 엘 뻬이트 체릭하 엘 와야보 세켐 믹달 빠알리 콜 와예슈마우

세겜 망대의 사람들이 이를 듣고 엘브릿 산당의 보장으로 들어가더니

(-사사기 9 : 46)

אל אלהי ישראל(엘 엘로헤이 이스라엘)[이스라엘의 하나님 엘.]

이 명칭도 세겜의 계약전승과 관련이 있다. 창세기 33 장 19절에서 20 절에 야곱이 세겜근처에 작은 땅을 매입하고 그곳에서 이스라엘의 하나님과 동일한 **אל**(엘)을 위한 제단을 쌓았다.

וַיִּקֶן אֶת־חֶלְקַת הַשָּׂדֶה אֲשֶׁר נָטָה־שָׁם אָהֳלוֹ מִיַּד

미야드 오홀로 샴 나타 아셰르 하싸데 헬카트 에트 와이캔

בְּנֵי־חֲמוֹר אֲבִי שְׁכֶם בְּמֵאָה קְשִׂיטָה

캐시타 빼메아 세켐 아비 하모르 빼네이

וַיַּצֶּב־שָׁם מִזְבֵּחַ וַיִּקְרָא־לוֹ אֵל אֱלֹהֵי יִשְׂרָאֵל

이스라엘 엘로해이 엘 로 와이크라 미즈베카 샴 와야체브

그 장막 친 밭을 세겜의 아비 하몰의 아들들의 손에서 은 일백 개로 사고 거기 단을 쌓아 그 이름을 엘엘로헤이이스라엘이라 하였더라

(창세기 33 : 19-20)

이스라엘은 여호수아 시대에 12지파가 하나로 통합되면서 비로소 통합된 한 민족의 하나님으로서 **אל אלהי ישראל**(엘엘로헤이이스라엘) 이스라엘의 하나님 엘이 되었으며 여호수아 이후로 **אל**엘은 **יהוה**야웨와 동일시되었다.

אָז יִבְנֶה יְהוֹשֻׁעַ מִזְבֵּחַ לַיהוָה אֱלֹהֵי יִשְׂרָאֵל בְּהַר עֵיבָל

에이벨 베하르 이스라엘 엘로헤이 레야웨 미즈베카 여호슈아 이베나 아즈

때에 여호수아가 이스라엘의 하나님 여호와를 위하여 에발산에
한 단을 쌓았으니 (여호수아 8 : 30)

5. 원어에서 파생한 용어들의 예

1).동음이어(同音異語)

ר ו א(오 -르) -정수리에 뿔난 모세

로마의 성 피에트로 인 콜리 성당에 소장되어 있는 모세의 상은 1515년 경 미켈란제로가 그의 예술적 심혼을 기울여 대리석에 생명을 불어넣은 불후의 명작이다.

비록 나이 팔십인데도 청년의 피가 끓듯 온 몸에 혈관이 불끈 피가 도는 생기를 자아낸다. 울퉁불퉁 근육이 불거져 나온 한 팔에 시내 산에서 하나님께 받은 두 돌 판을 끼고 있는 그 위용은 풍성하고도 부드럽게 턱 아래로 흘러내린 수염의 아량과 더불어 날카롭고도 우뚝한 콧날하며 지긋이 응시하고 있는 엄숙한 눈매에서 방금이라도 불을 뿜을 듯한 위엄을 드러낸다. 어딘지 모르게 진노를 감춘 듯한 표정은 허연 곱슬머리 위에 솟아 있는 두 개의 뿔로 은근하게 두드러진다.

왜 모세의 정수리에 뿔이 났을까.

וַיְהִי בְּרֶדֶת מֹשֶׁה מֵהַר סִינַי וּשְׁנֵי לֻחֹת הָעֵדֻת בְּיַד־מֹשֶׁה בְּרִדְתּוֹ

빠리드토 빠야드 모세 하에두트 루호트 우슈네이 시나이 메하르 모세 베레데트 와예히

מִן־הָהָר וּמֹשֶׁה לֹא־יָדַע כִּי קָרַן עוֹר פָּנָיו בְּדַבְּרוֹ אִתּוֹ

오토 베다베로 프네이 오르 카란 키 로 야다 우모세 민 하하르

모세가 그 증거의 두 판을 자기 손에 들고 시내 산에서 내려오니 그 산에서 내려올 때에 모세는 자기가 여호와와 말씀하였음을 인하여 얼굴 꺼풀에 광채가 나나 깨닫지 못하더라.(출애굽기 34 : 29)

וְרָאוּ בְנֵי־יִשְׂרָאֵל אֶת־פְּנֵי מֹשֶׁה כִּי קָרַן עוֹר פְּנֵי מֹשֶׁה וְהֵשִׁיב מֹשֶׁה

모세 웨 헤십 모세 프네이 오르 카란 키 모세 프네이 애트 이스라엘 브네이 웨라우

אֶת־הַמַּסְוֶה עַל־פָּנָיו עַד־בֹּאוֹ לְדַבֵּר אִתּוֹ

이토 레다베르 보 아드 프네이 알 하마스웨 에트

이스라엘 자손이 모세의 얼굴의 광채를 보는 고로 여호와께 말씀하러 들어가기 까지 다시 수건으로 자기 얼굴을 가리웠더라 (출애굽기 34 : 35)

히브리어 현대어로 인쇄된 성경이 아닌 랍비들의 성경원문에 기록 된 אור(오-르)는 빛(광채)이라는 말과 뿔이라는 말의 동음이어(同音異語)가 사용되었다.
그 원문이 어째서 미켈란제로에게는 광채가 아닌 뿔로 번역되었을까. 그 곡절은 알 길 없다. 분명 잘못된 해석으로 그릇되게 조각된 것인데도 영감어린 그 예술적 가치는 지금까지 길이 보존되고 있다. 나름대로의 감동을 주는 그 의미는 전해지고 있을 것이다.
하나님께 받은 은혜의 광채가 사라지면 뿔이 솟는다. 믿는 사람이 받은바 예수그리스도의 진리의 빛을 나타내지 못하면 오히려 남에게 상처를 입히는 뿔이 된다. 그런 교훈........

2). 사도신경의 성경적 근거가 된

Ι Χ Θ Υ Σ (익 뒤 스)

영화 쿼바디스의 한 장면이 떠오른다. 네로의 통치 하에서 잔학하게 기독교인을 박해하자 어쩔 수 없이 지하의 땅굴 속에서 집회를 갖고 예배드리며 신앙생활을 하던 카타콤(κατα κυμβα)시절. 기독교인들은 자신들의 신분을 엄격히 숨겨야 했다. 주로 하층계급에 속한 사람들이 남모르게 모여 예배드리고 모임을 갖는 지하교회는 오직 기독교인들만 아는 철저한 비밀이었다. 한 사람이 그것을 누설하면 전체교회가 박해를 당하는 큰 위험을 안고 있을 때였다.
기독교에 깊은 관심을 가진 한 귀족여인이 식탁 위에 있는 밀가루 항아리를 슬쩍 쓰러뜨려 흩어진 밀가루 위에 물고기를 그려 보이면서 자기도 기독교인이라는 것을 암시한다.

ιχθυς(익뒤스)는 물고기라는 뜻의 헬라어이다. 또 달리 ΙΧΘΥΣ는 “예수 그리스도는 하나님 의 아들이시오 구세주”라는 헬라어 머릿글자의 모음이다.

Ιησους 이에수스 예수
Χριστος 크리스토스 그리스도
Υιος 데우 하나님의
Θεου 휘오스 아들
Σωτηρ 소테르 주

익뒤스를 담은 물고기는 “주는 그리스도시오 하나님의 아들이시며 나의 구세주로소이다” 라는 신앙고백의 증표이다.
이것은 초대교회 당시 순수한 신앙을 지키며 영지주의를 비롯한 이단을 배제하기 위해 반드시 세워야 할 신조로서의 그 기틀이 되기도 했다.

(1) 사도신경의 성경적 근거
예수님께서 어느 날 가이사랴 빌립보 지경을 지나시다가 “너희들은 나를 누구라 하느냐” 제자들에게 물으셨다. 제자들은 서로 얼굴을 쳐다보며 선뜩 대답하지 못했다. 이때 베드로가 썩 나서며 당당하게 말한다.

Σὺ εἶ ὁ Χριστὸς ὁ υἱὸς τοῦ θεοῦ τοῦ ζῶντος..
쉬 에이 호 크리스도스 호 휘오스 투 데우 투 손토스
당신께서는 살아 계신 하나님의 아들이시오 그리스도이시니이다.
(마태 16 : 16)

베드로의 이 대답에 예수님께서 그를 칭찬하시며 그의 이름을 바꾸시고 그 위에 교회를 세우시고 천국열쇠를 주셨다.

Μακάριος εἶ, Σίμων Βαριωνᾶ, ὅτι σὰρξ καὶ αἷμα οὐκ
마카리오스 에이 시몬 바리오나 호티 사르크스 카이 하이마 우크
ἀπεκάλυψέν σοι ἀλλ’ ὁ πατήρ μου ὁ ἐν τοῖς οὐρανοῖς.
아페칼뤼펜 소이 알 호 파테르 무 호 엔 토이스 우라노이스
복이 있도다 바요나 시몬아 이 대답은 너의 혈과 육에서가 아니라
하늘에 계신 아버지로 말미암았느니라 (마태 16 : 17)

κἀγὼ δέ σοι λέγω ὅτι σὺ εἶ Πέτρος, καὶ ἐπὶ ταύτῃ τῇ πέτρᾳ

카고 데 소이 레고 호티 쉬 에이 페트로스 카이 에피 타우테 테 페트라

οἰκοδομήσω μου τὴν ἐκκλησίαν καὶ πύλαι ᾅδου οὐ κατισχύσουσιν

오이코도메소 무 텐 에크레시안 카이 퓔라이 하두 우 카타이스퀴수신

αὐτῆς.

아우테스

또 내가 너에게 말하노니 너는 반석이라 이 반석 위에 나의 교회를 세우리니 지옥문이 이 교회를 이기지 못하리라.(마태 16 : 18)

오늘날 우리가 고백하고 있는 사도신경(Apostle's Creed)의 기원은 **ΙΧΘΥΣ**에서 비롯하여 마태복음 16장 16절을 근거로 오랜 세월 논란을 거듭하여 수정 보완되어 완성된 역사적 경로를 안고 있다. 간략하게 그 기원과 목적을 살펴본다.

(2) 기원(The origin)

예수님께서 승천하시기 전 제자들에게 당부하시기를

"사도와 같이 모이 사 저희에게 분부하여 가라사대 예루살렘을 떠나지 말고 내게 들은 바 아버지의 약속하신 것을 기다리라 요한은 물로 세례를 베풀었으나 너희는 몇 날이 못 되어 성령으로 세례를 받으리라(사도행전 1 : 4-5)"

이 분부를 지켜 제자들을 포함한 120명의 문도들이 한자리에 모여 전혀 기도에 힘씀으로 오순절 날 성령이 강림하시고 초대교회가 세워졌다.

사도들이 초대교회를 이끌어나가는데 절대 필요한 것이 있었다. 그것은 통일된 교리였다. 베드로의 신앙고백 "주는 그리스도시오 살아 계신 하나님의 아들이시나이다"에서 통일된 교리의 성경적 근거를 밝힐 수 있고 [익뒤스]가 그것을 요약하고 있다.

(3) 목적(purpose)

당시 통일된 교리로서 신조의 목적이 무엇이었을까.

초대교회는 완성된 성경이 없어 사도의 가르침으로 교리를 배우게 되고 확립되지 못한 신앙자세는 당시 횡행하는 이단사설에 곧잘 흔들리고 있었다. 특히 영지주의는 예수님의 십자가의 죽으심을 영적 현상 소위 가현설을 내세워 예수님의 죽으심과 부활을 인정하지 않아 진리에 깊지 못한 많은 사람들을 미혹했다. 이러

한 상황아래 초대교회 교인들의 신앙의 정립을 위해서는 신조가 꼭 있어야 했다 이 신조로

1) 일관되고 순수한 신앙을 지킬 수 있었다.
2) 이단에 미혹되지 않고 십자가의 도와 예수님의 부활승천 그리고 재림에 대한 믿음을 확고히 할 수 있었다.
3).통일된 교리로서 성령이 하나 되게 한 것을 기리 지키려 했다.

이에 근거한 것이 오늘날 우리가 신앙고백하는 사도신경이다.

Apostle's Creed

I believe in God the Father Almighty. Make of heaven and earth.
And in Jesus Christ His only son our Lord.
Who was conceived by Holy Ghost, Born of the Virgin Mary, suffered under Pontius Pilate, Was crucified, dead and buried.
He descended into hell.
The third day He rose again from the dead.
He ascended into heaven. And sitteth on the right hand of God the Father Almighty.
From thence He shall come to judge the quick and the dead.
I believe in Holy Ghost, the holy Catholic Church,
the communion of saints, the forgiveness of sins.
the resurrection of the body. and the life everlasting.

부록

복슬 풀

박 종 승

높은 봉 바위틈에 돋아 있는
높은 산 바위 마루 금이 간 벼랑에
오랜 세월 뿌리박고 견딘
복슬풀.

가지 없이 매듭 없이 한도 없어
하늘 우러러 손 저어 무얼
말하나.

동정녀의 음모이듯 도독한 순결은
바위에 몸 사려 신비를
잉태하고

메말라 시들어도 다시금 움돋아
저마다 손 내밀어 하늘 하늘
속삭이며

한 겨울 눈발 속에 묵은 잎을 헤집고
눈 비벼 파란 얼이 무얼
살피나.

북한산을 오르면서 10년을 훨씬 넘게 형제봉 중간 봉 비탈진 바위에 매달려 뿌리내린 복술풀에 정이 들었다. 이브의 나체를 연상 도독하게 너울거리기에 복술풀(학명은 모른다)이라 이름 했다. 알 듯 말 듯 말없이 전해주는 다정한 속삭임. 연륜에 매이지 않고 새순으로 생명을 이어가는 그 유연한 모습. 끈질긴 투지와 생명력 그 의지를 전해 듣는다. 세월에 따라 육신은 묵은 잎처럼 쇠해도 생동하는 기백은 늘 새순처럼 순수하고 강하다. 유약한 듯 강한 복슬풀처럼.

저자 약력

경북고등학교 졸업
서라벌예술대학(현 중앙대학교) 문예창작과 졸업
순복음신학교(현 한세대학교) 신학과 졸업
Asia Pacific Theological Seminary BA
한세대학교 목회대학원 석사

순복음삼선교회(설립) 원로목사
순복음신학교 히브리어 헬라어 교수(역임)
순복음 영산 신학원 헬라어 교수
순복음 호남신학교 헬라어 히브리어 교수
터키 라슴파샤 신학교 교수
국제종교신학연구소(대만) 교환교수
순복음 영산신학원 학생처장 도서관장(역임)
순복음신학교 교목실장. 도서관장(역임)

저서
성경번역의 고찰과 개역성경이
안고 있는 문제점들의 수정보완
성경을 헬라어로 읽어요
-쉽고 재미있게 배우는 헬라어 강의
Situation English. -영어회화
쉐마 이스라엘 -성경해석의 원어접근(개요 1)

히브리어 헬라어 성경 읽기에 도움이 되는 참고도서

헬라어 로고스 성경	도서출판 로고스
구약원어대조성경(히브리어)	도서출판 로고스
헬라어 원문 직역 분해 대조성경	도서출판 로고스 김기수 편저
원어분해성경 히브리어 헬라어	도서출판 로고스 라형택 편저
히브리어 . 헬라어 사전	도서출판 로고스
성경을 헬라어로 읽어요	도서출판 로고스 박종승 편저

쉐마 이스라엘

2007년 3월 13일 초판 1쇄 인쇄
2007년 3월 19일 초판 1쇄 발행

편　저 : 박 종 승
발행인 : 김 용 환
발행처 : **도서출판 로고스**

주소 / 서울시 동대문구 신설동 98-9
전화 / 922-6872　FAX / 926-5406
등록 / 1987. 12. 1 제 5-165호